ライブラリ 今日の経済学◆15

労働経済学

宮本 弘曉　*Hiroaki Miyamoto*

Labor Economics

新世社

編者のことば

　世界ではグローバル化の進展に伴い，貿易をめぐる多国間の交渉や金融をめぐる主導権争いが激化を極めている。各地域における分離独立運動や宗教に関わる対立・紛争も，世界経済に及ぼす影響が懸念されている。日本国内ではデフレから脱却するための施策が一定の効果をあげているものの，少子高齢社会の先行きについては楽観できない。

　大学教育では，少子化の中，各大学において目的をより明確にするため一層の改革が求められている。経済学の分野では経済の理論，歴史，経済情勢，経済政策，データの分析と統計的処理，といった様々な方面でより明確な学力の習得が具体的に求められるようになっている。そして大学を卒業した後のビジネスパーソンにとっても，現実の経済活動において役立てることができる，実践的な経済学の知見がより一層必要とされている。

　新世社では，斯学における第一級のすぐれた著者陣の力強い支援により，1990年代に「新経済学ライブラリ」を刊行して，大きな支持を得てきた。本ライブラリは，さらに上のような今日の社会の情勢変化に鑑み，新しい時代に即した経済学のテキストライブラリを目指すものである。

　本ライブラリにおいては，各領域の気鋭の研究者が，当該テーマについて，入門者から読めるような筆致により，基礎から最新の理論まで平明に説き明かしていく。大学の基本科目・専門科目の履修者にとり最良の導きの書であり，また，社会の第一線で活躍するビジネスパーソンにとっても経済学の最先端を平易にマスターできる，すぐれた教養書となっている。

　本ライブラリ「今日の経済学」が経済学テキストの決定版として広く受け入れられることを期待している。

　2018年2月

井堀　利宏

はしがき

　労働，つまり，働くことは我々の人生においてきわめて重要です。多くの人は働くことで所得を得て，生活をしています。しかし，仕事だけが人生ではありません。家族や友人，愛する人と楽しい時間を過ごしたり，趣味や旅行に時間を使うことで私たちの人生はより豊かになります。仕事と余暇のバランス，つまりワークライフ・バランスをどのように取るかは個人にとっても社会にとっても大きな課題です。

　労働経済学は「働くこと」に関する諸問題を経済学の手法で分析するものです。その分析対象は多岐にわたります。仕事と余暇のバランスをどのように取るのかという個人の問題から，失業といった社会全体の問題まで，働くことに関するあらゆる問題を取り扱います。

　働くことをその分析対象とすることから，労働経済学が扱う問題は人々の生活と密接しています。例えば，失業問題を考えて見ましょう。2017年11月の失業率は2.7%と実に約24年ぶりの低い水準となっています。それでも，日本全体で失業者の数は約178万人もいることになります。これは熊本県の人口とほぼ同じ数です。

　これらはただの数字ではありません。これらの数字の背後には人々の生活があります。178万人の失業者には，多くの若者が含まれています。将来ある若者が働きたくても，仕事がないというのは彼らの人生にとっても，また，国の将来にも大きなマイナスです。また，ある人はリストラされた中高年のサラリーマンかもしれません。家族があり，家や車のローンを抱え，子供を私学や塾に通わせている一家の大黒柱が失業した場合，それは本人のみならず家族にとっても深刻な影響を与えます。

　このように労働経済学が扱う対象は人々の生活に深くかかわっています。

それゆえ，労働経済学はきわめて政策的な色合いが強い学問でもあります。失業問題に関して言えば，「なぜ失業が発生するのか？」「仕事があるにもかかわらず，働けない人がいるのはなぜなのか？」といった疑問を経済理論やデータを用いた実証分析によって解明し，失業を解消するためにはどのような政策が必要なのかを論じます。

　労働経済学は経済学の基礎理論を踏まえた応用理論であり，実証的な根拠を持つ政策立案のための経済学です。本書の目的は，労働に関する諸問題に関心がある大学生やビジネスパーソン，さらには政策当局者に労働経済学のエッセンスをわかりやすく解説することです。

　本書の特徴として，従来の労働経済学の教科書と比べてマクロ経済学的な視点から労働市場を分析する理論を多く紹介していることがあげられます。労働経済学では，労働者個人や企業の行動を分析するため，ミクロ経済学の色合いが濃くなります。しかしながら，本書ではマクロ経済学的な側面の説明にも力を入れました。というのも，近年，「マクロ労働経済学」という分野がその立場を大きく強めているからです。その背後には経済理論の発展があります。1990年代からサーチ・マッチングモデルと呼ばれる経済理論で労働市場のマクロ分析を行うことが欧米諸国を中心に進展しています。また，2000年代後半の世界金融危機後，多くの先進諸国は高失業に直面し，各国政府が財政・金融政策といったマクロ経済政策によって高失業問題を解消しようとしたことからもわかるように，現実に，労働市場のマクロ分析を行うことは政策的にもきわめて重要です。

　現在，日本の労働市場はいくつもの大きな課題に直面しています。少子・高齢化による労働力人口の減少，長時間労働問題，正社員と非正社員の格差問題，ワークライフ・バランス問題など枚挙にいとまがありません。労働経済学が答えを与えることができる政策課題は少なくありません。よく，語呂合わせで「はたらく」とは「傍（はた）を楽にする」といわれることがあります。本書を手に取った読者が，人々の「はたらき」に関する諸問題をその

分析対象とする労働経済学を学ぶことによって，本書が読者のお役に立てば（「楽」にすれば）これに勝るものはありません。

　本書の作成にあたっては，多くの方にお世話になりました。ここに記して感謝申し上げます。著者が労働経済学を学ぶきっかけとなったのは大学時代の恩師である島田晴雄先生（元慶應義塾大学，現首都大学東京）との出会いです。島田先生には労働経済学の重要さ，問題意識を持つことの重要さを教えて頂きました。島田先生からの薫陶を受けることがなければ，筆者が研究者を志すことはなかったと思います。また，大学院時代の恩師である白井義昌先生（慶應義塾大学）には当時，日本ではまだそれほど普及していなかったサーチモデルを懇切丁寧に教えて頂き，まさに研究者としての基礎を築いて頂きました。さらに，玄田有史先生（東京大学）にはマクロ的な視点から労働市場を分析することの重要性を指摘して頂くと同時に，本書執筆時に温かい激励のお言葉を頂きました。この３名の先生のお力なくしては本書の完成はなかったと思います。

　また，共同研究者の工藤教孝氏（名古屋大学），佐々木勝氏（大阪大学），Lin Ching-Yang 氏（国際大学），Chun-Hung Kuo 氏（国際大学）にはその研究成果を本書に反映させることをお許し頂きました。友人の髙橋悠也氏（ジョンズホプキンス大学）はその共同研究の成果を本書に反映させることをお許し頂くだけでなく，原稿の端から端まで丁寧に目を通して頂きました。心から感謝を申し上げます。

　本書は筆者が東京大学公共政策大学院に在籍中にその原稿の大部分を書き上げました。公共政策大学院での労働経済学の講義参加者との議論は本書執筆の上で大きな原動力となりました。ひとりひとりのお名前を明記はしませんが，講義参加学生の皆さん，元同僚の先生方やスタッフの方に心から感謝申し上げます。

　筆者の多忙のため執筆作業は予定よりも大幅に遅れましたが，新世社の御園生晴彦氏からは常に温かいご支援を頂きました。また，新世社の彦田孝輔

氏には編集作業を担当して頂き，本書を読みやすくする為の適切なアドバイスを数多く頂きました。御園生氏，彦田氏をはじめ関係者のご尽力にこの場を借り，感謝申し上げます。

　最後に，本書の完成を楽しみにしてくれていた両親と常に気持ちよく仕事ができる環境を整えてくれ，心の支えとなってくれる妻美也子と息子佳輔に本書を捧げます。

　2018年正月　ワシントンD.C.にて

宮本　弘曉

目 次

第1章 労働市場を観察する　　1

1.1 労働力の構造 …………………………………………… 2
1.2 少子・高齢化 …………………………………………… 10
1.3 産業と労働力 …………………………………………… 12
1.4 労働力の非正規化 ……………………………………… 14
1.5 労 働 時 間 ……………………………………………… 16
1.6 賃　　金 ………………………………………………… 19
◆Review Exercises …………………………………… 23

第2章 労働市場の需給分析　　25

2.1 需要・供給分析 ………………………………………… 25
2.2 市 場 均 衡 ……………………………………………… 28
2.3 余　　剰 ………………………………………………… 30
2.4 労働市場分析 …………………………………………… 32
2.5 応 用 例 ………………………………………………… 35
◆Review Exercises …………………………………… 39

第3章　労働供給　　40

- 3.1　個人はどのように行動するのか？　41
- 3.2　満足度合いを測る　42
- 3.3　限界効用と限界代替率　45
- 3.4　予算制約　47
- 3.5　個人の選択　48
- 3.6　非労働所得の変化　50
- 3.7　賃金変化の影響　51
- 3.8　就業選択　53
- 3.9　労働供給曲線の導出　55
- 3.10　市場の労働供給曲線を求める　56
- 3.11　労働供給の弾力性　57
- 3.12　女性の労働供給　59
- 3.13　応用例：制度が女性の労働供給に与える影響　61
  - ◆Review Exercises　64

第4章　労働需要　　65

- 4.1　生産技術　66
- 4.2　限界生産物と平均生産物　66
- 4.3　利潤最大化行動　68
- 4.4　短期の問題　69
- 4.5　長期の問題　75
- 4.6　市場の労働需要曲線　81
- 4.7　労働需要の弾力性　82
  - ◆Review Exercises　84

第 5 章　失　業　　　　　　　　　　　　　　　　　　　　85

- 5.1　失業のタイプ　………………………………………………　86
- 5.2　自然失業率の決定　…………………………………………　87
- 5.3　摩擦的失業と構造的失業　…………………………………　89
- 5.4　ベバリッジ曲線　……………………………………………　91
- 5.5　ＵＶ分析　……………………………………………………　94
- 5.6　フィリップス曲線　…………………………………………　96
- 5.7　オークンの法則　……………………………………………　101
- ◆Review Exercises　……………………………………………　104

第 6 章　失業の理論　　　　　　　　　　　　　　　　　　　105

- 6.1　賃金の硬直性　………………………………………………　106
- 6.2　ジョブサーチ理論　…………………………………………　116
- ◆Review Exercises　……………………………………………　124

第 7 章　サーチ・マッチングモデル　　　　　　　　　　　125

- 7.1　サーチ・マッチングモデル　………………………………　126
- 7.2　マッチング関数　……………………………………………　129
- 7.3　ベバリッジ曲線　……………………………………………　132
- 7.4　雇用創出条件　………………………………………………　134
- 7.5　均衡失業率の決定　…………………………………………　139
- 補論　ナッシュ交渉解による賃金決定　………………………　141
- ◆Review Exercises　……………………………………………　142

第 8 章　人的資本　　143

- 8.1　教育投資モデル　144
- 8.2　企業による訓練　150
- 8.3　シグナリング理論　155
- ◆Review Exercises　160

第 9 章　賃　金　　161

- 9.1　完全競争市場　163
- 9.2　需要独占モデル　165
- 9.3　サーチ理論　167
- 9.4　補償賃金仮説　168
- 9.5　賃 金 交 渉　173
- 9.6　独占組合モデル　175
- 9.7　効率賃金仮説　178
- ◆Review Exercises　179

第 10 章　景気変動と労働市場　　180

- 10.1　景気循環とは　180
- 10.2　景気変動の測定　184
- 10.3　労働市場の循環的性質　187
- 10.4　労 働 時 間　192
- 10.5　実質賃金の循環的動き　195
- 10.6　景気循環と労働市場モデル　197
- ◆Review Exercises　200

第 11 章　雇用創出と消失　　201

- 11.1　雇用創出・消失の定義 …………………………………… 202
- 11.2　雇用創出と消失の特性 …………………………………… 205
- 11.3　日本の雇用創出・消失 …………………………………… 206
- 11.4　雇用変動とショック ……………………………………… 209
- 11.5　景気循環と雇用創出・消失 ……………………………… 210
- ◆Review Exercises ……………………………………………… 212

第 12 章　労働力フロー分析　　213

- 12.1　フローとストック ………………………………………… 214
- 12.2　労働力フローデータ ……………………………………… 215
- 12.3　日本の労働力フロー ……………………………………… 216
- 12.4　労働力フローの推移 ……………………………………… 218
- 12.5　推移確率 …………………………………………………… 221
- 12.6　失業フロー ………………………………………………… 225
- 補論　失業の流入・流出分析 ………………………………… 227
- ◆Review Exercises ……………………………………………… 230

第 13 章　制度・政策　　231

- 13.1　最低賃金制度 ……………………………………………… 232
- 13.2　失業給付 …………………………………………………… 234
- 13.3　解雇規制 …………………………………………………… 235
- 13.4　積極的労働市場政策 ……………………………………… 239
- 13.5　財政政策と労働市場 ……………………………………… 242
- ◆Review Exercises ……………………………………………… 246

第 14 章　日本の労働市場　　　247

- 14.1　日本的雇用慣行とは何か？ ……………………………………… 248
- 14.2　日本的雇用はいつ成立したのか？ ………………………………… 250
- 14.3　日本的雇用慣行の合理性 …………………………………………… 251
- 14.4　経済環境の変化と日本的雇用慣行 ………………………………… 253
- 14.5　日本の労働市場の課題 ……………………………………………… 255
  - ◆Review Exercises ………………………………………………… 268

索　引 …………………………………………………………………………… 269

第 1 章

労働市場を観察する

■ **Introduction**

「失業率が何年ぶりの低水準に回復した」「夏のボーナスが昨年よりも増加した」など労働市場に関するニュースを新聞やネットで見かけますが，労働市場で起きていることを認識するためには，データから労働市場を観察することが必要です。労働市場を観察する際には，労働サービスの量とその価格に注目します。労働サービス量は労働者数と労働時間によって決定されます。また，労働サービスの価格は賃金によって測られます。本章ではこれらの概念を説明するとともに，データから日本の労働市場の現状を見ることにします。

　労働経済学は，労働市場の現象を理解し，その働きを分析し，政策的含意を導き出すものです。労働経済学では就業，失業，労働時間，賃金など，人々の働きと暮らしに関わる問題を取り扱います。その出発点は労働市場で何が起きているのかを認識することです。本章ではデータから日本の労働市場の現実を観察することにします。

　ここで重要なのは，労働市場に関するデータは「ただの数字」ではないということです。数字の背後には人々の生活が隠れています。例えば，失業率が0.1％上昇したとすると，何万人という人が新たに職を失うことになります。一家の大黒柱が失業すると，本人のみならずその家族の人生にも大きな影響を与えます。データが人々の生活と直結していることを念頭におくことが重要です。

1.1 労働力の構造

　労働サービスはどのように測定されるのでしょうか？ 労働サービスは<u>労働者数</u>と<u>労働時間</u>によって決定されます。まず，労働者数について詳しく見ることにしましょう。

　生産活動に従事しうる年齢の人口を<u>生産年齢人口</u>といいます。日本では法律により15歳未満の子供は基本的に働くことが禁止されているので，15歳以上が潜在的に就業可能な人口となります。15歳以上の人口は<u>労働力人口</u>と<u>非労働力人口</u>に区分されます。労働力人口とは「働く意思のある人」で，非労働力人口とは「働く意思のない人」のことをいいます。

　<u>図1-1</u>は労働力を分類したものです。労働力人口は「仕事に就いている人」と「仕事に就いていないが仕事を探している人」に分けられます。前者は<u>就業者</u>，後者は<u>（完全）失業者</u>と呼ばれます。

　失業者の正式な定義は「仕事についておらず，仕事があればすぐにつくことができる者で，仕事を探す活動をしていた者」です。仕事を探していない主婦は失業者になりません。また，自分の本当にやりたい仕事を探している間にアルバイトをしている若者も失業者とはなりません。

　では，この主婦や若者は何に分類されるのでしょうか。仕事を探していない主婦は働く意思がないので，非労働力人口に分類されます。また，若者はアルバイトという形で実際に働いているので就業者になります。

　就業者はさらに雇用者，自営業者，家族従業者に分けられます。雇用者とは会社，団体，官公庁又は自営業主や個人家庭に雇われて給料，賃金を得ている者，及び会社，団体の役員です。自営業者とは個人経営の事業を営んでいる者です。家族従業者とは自営業主の家族で，その自営業主の営む事業に無給で従事している者のことを指します。

　就業者や失業者などが実際にどのくらいの数いるのかを見てみましょう。

図 1-1 労働力の構造

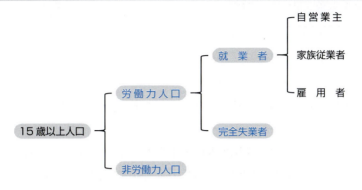

表 1-1 日本の労働力構造（2015 年）

	人数（万人）	割合（%）
１５歳以上人口	11077	100
労働力人口	6605	59.6
就業者	6388	57.7
自営業主	536	4.8
家族従業者	160	1.4
雇用者	5662	51.4
うち役員を除く雇用者	5314	48.0
完全失業者	218	2.0
非労働力人口	4465	40.3

出所：総務省統計局「労働力調査」

表 1-1 は 2015 年における 15 歳以上人口のデータを示したものです。2015 年の 15 歳以上人口は約 1 億 1000 万人です。そのうち約 6 割が労働力人口，残りの 4 割が非労働力人口となっています。労働力人口のほとんどが就業者であり，完全失業者数は 218 万人となっています。ちなみに日本で 3 番目に人口が多い市町村は名古屋市でその人口は約 230 万人です。つまり，日本全体でほぼ名古屋市の人口に匹敵する数の人が失業していることになります。

● 労働力率

　労働力の量を測る際に用いられる指標に労働力率があります。労働力率は労働可能な人のうち，どの程度の人が実際に労働を提供している，あるいはしようとしているのかを表す指標です。労働力率は次のように計算されます。

$$労働力率 = \frac{労働力人口}{15歳以上人口} \times 100$$

　図 1-2 は日本の労働力率の推移を示したものです。男女計の労働力率は低下傾向にあることがわかります。男女計の労働力率は 1953 年には 70% でしたが，その後，徐々に低下し，2015 年には 59.6% まで下がっています。

　次に男女別に労働力率の推移を見てみましょう。男性の労働力率は一貫して低下していることがわかります。男性の労働力率は 1953 年には 86.4% でしたが，2015 年には 70.3% と約 16 ポイント低下しています。このように男性の労働力率が大きく低下したことが，経済全体の労働力率を押し下げた大きな要因です。一方，女性の労働力率は 1975 年までは低下傾向にあったものの，その後，増加傾向を示し 2015 年には 49.6% となっています。この背景には，主に男性を雇用する製造業から，女性の雇用吸収が高いサービス業に経済がシフトしたことがあります。

　労働力率は年齢別に計算することもできます。図 1-3 は日本の 1975 年と 2015 年の労働力率を年齢別に示したものです。男性の労働力率を見ると，若年層と高年齢層では低いものの，25 歳から 59 歳までは 90% を超えていることがわかります。さらに，60〜64 歳でも労働力率は約 80% と高い水準となっています。また，1975 年と 2015 年で年齢別の労働力率に大きな変化は見られません。

　女性の場合はどうでしょうか？　女性の労働力率は 20 代前半と 40 代から 50 台半ばで高く，その他の年齢層で低いという特徴を持っています。これをグラフで見ると M 字型のカーブを描くことがわかります。これは女性が結婚や出産とともに仕事を辞め，育児が落ち着いた頃に再び労働市場に戻る

図 1-2 労働力率の推移

出所:総務省統計局「労働力調査」

図 1-3 年齢別労働力率の変化

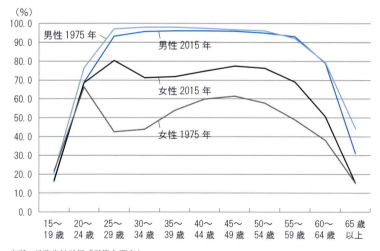

出所:総務省統計局「労働力調査」

1.1 労働力の構造 ● 5

ということを意味しています。

　M字型の労働力率カーブは，かつては日本のみならず他の先進国でも観察されましたが，現在ではほとんどの国において出産・育児により就業を中断する女性が減り，女性の労働力率カーブは男性に似た台形型になっています。図1-3で観察されるように，近年，女性の社会進出が進み，日本でもM字カーブの谷の部分が浅くなりつつありますが，それでもM型の形状はいまだに残っています。

● 失 業 率

　失業は労働に関する諸問題の中でも最も重要なもののひとつです。労働人口に占める失業者の割合を表したものが失業率です。つまり，失業率は次のように計算されます。

$$失業率 = \frac{完全失業者数}{労働力人口} \times 100$$

失業率は雇用情勢を示す重要な指標のひとつとして認識されています。一般に，景気が良くなると失業率は低下し，景気が悪くなると失業率は上昇します。失業率が高いということは，働く意思と能力がある人が生産活動に参加していないため，労働力という資源が十分に活かされていないことを意味します。

　図1-4は日本の失業率の推移を示したものです。1950年代末から70年代初頭にかけて，高度成長を実現した日本の失業率は1％程度と非常に低く，まさに日本は完全雇用国でした。その後も1990年代半ばまでは失業率は比較的低い水準で安定していましたが，1990年後半から失業率は上昇し続け，2002年には5.4％という高い水準に達しています。その後，失業率は低下傾向にありましたが，世界同時不況の影響を受け，2009年には再び5％を超える水準まで上昇しました。直近では景気回復の影響もあり，失業率は3％近くまで低下しています。

図 1-4　失業率の推移

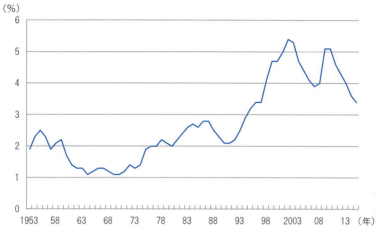

出所：総務省統計局「労働力調査」

■コラム　広義の失業率

　米国の失業率にはU1〜U6という6つの尺度があります。通常，米国の失業率というと，労働力人口に占める失業者の割合であるU3のことを指します。U6に近づくほど失業の解釈は拡大します。U1からU6の定義は以下のとおりです。

- U1：失業期間が15週以上/労働力人口
- U2：（非自発的離職者＋臨時雇用の期間満了者）/労働力人口
- U3：完全失業者/労働力人口
- U4：（完全失業者＋求職意欲喪失者）/（労働力人口＋求職意欲喪失者）
- U5：（完全失業者＋縁辺労働者）/（労働力人口＋縁辺労働者）
- U6：（完全失業者＋縁辺労働者＋経済情勢のためにパートで就業している者）/（労働力人口＋縁辺労働者）

中でも，U6は「広義の失業率」として注目されています。日本でも内閣府が米国のU4とU6に対応する広義の失業率の試算を発表しています。広義の失業率は「正社員になれず不本意なまま非正規で働いている人」や「就業希望はあるが直近は職探しを諦めた人」を含めた失業率となっています。次頁の図は完全失業率と広義の失業率を比較したものです。2016年の1月から3月の完全失業率は3%台だったのに対して，広義の失業率は8.4%となっています。これは不本意なまま非正規で働いている人が多いことを示しています。

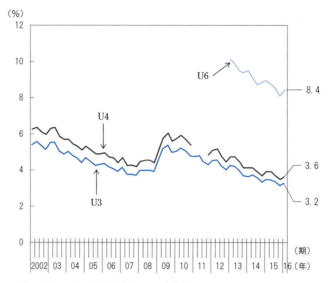

備考：総務省統計局「労働力調査」により作成。
出所：内閣府「今週の指標 No.1148 我が国の広義の失業率の動向について」

● 有効求人倍率

　失業率と並び雇用動向を示す指標に有効求人倍率があります。簡単に言うと，この指標は求人数を求職者数で割ったものであり，「求職者1人当たりの求人数」を表しています。より正確には有効求人倍率は有効求職者数に対する有効求人数の割合のことをいいます。つまり，

$$有効求人倍率 = \frac{有効求人数}{有効求職者数}$$

となります。ここで，有効求職者数とは公共職業安定所（ハローワーク）で前月から繰り越して引き続き求職している人と当月に新規に受け付けた求職者の合計です。また，有効求人数とは，前月までに登録されたものの未充足のままの繰越求人数と当月に受け付けた新規求人数の合計を指します。

　例えば，仕事の空きが50人分あり，そこに100人応募をしている場合，

図 1-5　有効求人倍率の推移

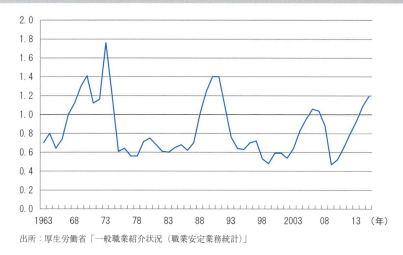

出所：厚生労働省「一般職業紹介状況（職業安定業務統計）」

有効求人倍率は 0.5 となります。有効求人倍率が 1 を上回れば，求人数の方が求職者数よりも多く，下回ればその逆となります。

　景気が良くなり，仕事が増えれば，有効求人倍率は高くなります。他方，景気が悪いときには仕事の数より求職者の数が増えるので有効求人倍率は低くなります。このように有効求人倍率は労働市場の需給状態に敏感に反応するという性質を持っています。

　図 1-5 は有効求人倍率の長期的な動きを示したものです。バブル崩壊後の 1990 年代初頭や世界金融危機後の不況期（2008–2009 年）において，有効求人倍率が 1 を大きく下回っていることからも有効求人倍率が景気に感応的であることがわかります。

　有効求人倍率は労働市場の動向を見る上で重要な指標ですが，この指標はハローワークを経由した求人数や求職者数をもとに算出されており，ハローワークを経由しない求人数や求職者数を反映していないという欠点があります。ネットや雑誌・広告等で求職活動を行う者や求人活動を行う企業が増えている中，有効求人倍率が労働市場の状態を正しく反映しているとも限

らないため，注意が必要です。

■ 1.2　少子・高齢化

　日本の労働力の特徴として若年労働者の減少と就業者の高齢化があげられます。この背景にあるのが，人口の少子・高齢化です。

　図 1-6 は人口の推移を見たものです。日本の人口は戦後，持続的に増加しましたが，2010 年前後の 1 億 2800 万人をピークに減少に転じています。また，0 歳から 14 歳までの年少人口は持続的に減少しているのに対し，65 歳以上の老年人口は持続的に増加していることがわかります。1990 年代後半以降は老年人口が年少人口を上回っています。2015 年時点で，65 歳以上の高齢者が人口に占める割合は 26.7％と日本人の 4 人に 1 人は高齢者となっています。

　人口は今後，どのように変化していくのでしょうか？　将来の人口推計は国立社会保障・人口問題研究所によって定期的に公表されています。それによると総人口は今後も減少を続け，2048 年には 1 億人を切り，2060 年には約 8700 万人程度まで低下します。また，年齢構造も変化し，2060 年には 65 歳以上の高齢者が人口に占める割合は約 4 割となると見込まれています。

　人口の少子・高齢化は平均寿命の伸長と出生率の低下によるものです。日本人の平均寿命は 1947 年には男性 50.1 歳，女性 54 歳でしたが，2015 年には男性 80.8 歳，女性 87.1 歳と大幅に伸長しています。こうした平均寿命の伸長は，戦後，幼児死亡率が低下したことや所得水準の向上，医療サービスの水準が高まったことなどによってもたらされたと考えられています。

　また，戦後，出生率は持続的に低下しています。一人の女性が生涯に出産する子供の数を表す指標は合計特殊出生率と呼ばれます。図 1-7 はその推移を示したものです。日本での合計特殊出生率の最高値は，1947 年の 4.54 で

図 1-6　日本の人口推移

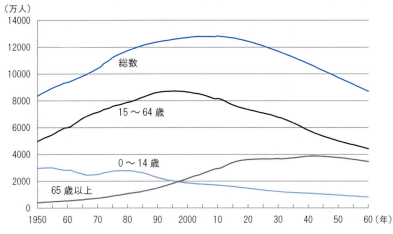

出所：国立社会保障・人口問題研究所

図 1-7　合計特殊出生率の推移

出所：厚生労働省「人口動態統計」

した。出生率は女性の社会進出などにより低下し，1975 年には 2.0 を割り込み，2005 年には過去最低の 1.26 まで低下しました。その後は若干持ち直し，

1.2　少子・高齢化 ● 11

2015年には1.46にまで回復しています。日本では国境を越える人の移動が少ないため，出生率が将来の人口規模を決定します。

このような人口動態の変化は，労働力に大きな影響を与えます。人口の少子・高齢化は若年労働者の減少と就業者の高齢化を意味します。また，人口の少子・高齢化がもたらす大きな問題として，労働力の減少があげられます。潜在的な労働力を示す指標である生産年齢人口（15歳から65歳未満の人口の合計）は2010年には約8200万人でしたが，2060年には約4400万人と約3800万人減少すると予測されています。この数はカナダの人口を上回るものです。

一国の経済規模は生産年齢人口と労働者1人当たりの生産性によって決定されます。労働者1人当たりの生産性が向上しなければ，生産年齢人口の低下は経済成長を鈍化させます。今後，日本経済が成長するためには，生産性の向上と労働力の確保がきわめて重要となります。

また，少子・高齢化では働く人の数が減る一方で，扶養される人が増加するため，社会保障費の増大などを通じて国の財政にも大きな影響を与えます。

■ 1.3　産業と労働力

次に，労働者がどのような仕事をしているのか，また，それはどのように推移してきたのかを概観します。

総務省「労働力調査」によると，2016年の就業者数は6465万人で，そのうち，農林漁業からなる第一次産業で働くものはわずか223万人，鉱業，建設業，製造業からなる第二次産業で働くものは1543万人，そして，サービス業，卸売・小売業を中心とする第三次産業で働くものは4699万人となっています。

図1-8は産業別就業者の構成割合の推移を示したものです。1951年には

図 1-8　産業別就業者の構成割合

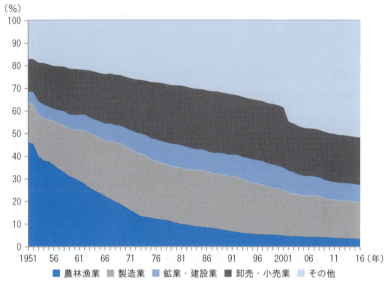

出所：総務省統計局「労働力調査」

「農林漁業」の割合が一番高く46.1％を占めていました。また，「製造業」と「鉱業・建設業」の合計は22.6％，第三次産業の中心である「卸売・小売業」は14.2％でした。その後，日本経済が高度成長期に入ると「農林漁業」はその割合を大きく低下させ，20年後の1970年にはその割合は17.4％となりました。他方，「製造業」の割合は26.1％まで上昇し，就業構造の中心となりました。その後，「農林漁業」「製造業」はそのシェアを低下させる一方で，第三次産業のシェアが増大し続けます。いわゆる，就業構造のサービス化が進みました。

　産業分類が変更されたこともあり，厳密な比較はできませんが，1970年から2016年にかけて，就業者数は第一次産業では886万人から223万人へ，第二次産業では1791万人から1543万人へ減少する一方，第三次産業では2417万人から4699万人に増加しています。

1.3　産業と労働力　●　13

■ 1.4　労働力の非正規化

　日本の労働市場では雇用形態の変化が進んでいます。1990年代以降,「非正規」と呼ばれる雇用者が増加し,現在では雇用者の約4割を占めるようになりました。一般に,正社員でない立場で雇用されている労働者のことを非正規雇用者と呼びます。

　政府統計では大きく分けて,職場の呼称,労働契約期間,労働時間によって非正規雇用者を定義しています。例えば,正規・非正規雇用に関する代表的な統計である総務省「労働力調査」では,勤め先での呼称により雇用者を「正規の職員・従業員」「パート」「アルバイト」「労働者派遣事業所の派遣社員」「契約社員」「嘱託」「その他」の7つに区分しており,「正規の職員・従業員」以外の6区分をまとめて「非正規の職員・従業員」と定義しています。

　図1-9は労働力調査の非正規の職員・従業員数とそれが雇用者全体に占める割合の推移を示したものです。1984年に非正規の職員・従業員数は男女計で604万人,それが役員を除く雇用者に占める割合は15.3％でしたが,その後,上昇を続け,2016年にはそれぞれ2023万人,37.5％となっています。つまり,現在,雇用者の3人のうち1人以上が非正規雇用者であるということです。非正規雇用者の多くは女性であり,その割合は7割程度となっています。

　非正規雇用者が増加した要因としては以下が指摘されています。

　一つ目は労働需要側の要因です。バブル崩壊後の「失われた20年」と呼ばれる経済停滞の中,企業は増大する不確実性に対応すべく,雇用の調整コストが低い非正規雇用者を用いるようになったというものです。また,製造業が減少し,柔軟な労働シフトを必要とするサービス産業が増加したことも非正規雇用者の増加の一因であると指摘されています。

図 1-9 非正規雇用者数とそれが雇用者全体に占める割合の推移

出所:総務省統計局「労働力調査」

　二つ目は労働供給側の要因です。仕事よりも生活を重視したり,家事だけでなく仕事もバランス良くしたいという人が増えるなど,ライフスタイルや価値観の多様化により,正規として雇われることを望まない人が増えたことも非正規雇用増加の要因であるとされます。

　三つ目は制度的な要因です。1990年代以降,有期雇用や人材派遣業務に関する規制が段階的に緩和されたことや,正規と非正規労働者間の雇用保護の差が指摘されています。

　非正規雇用者の増加はメディアでも多く報道され,研究者・政策立案者の間でも高い関心事項となっています。非正規は正規と比べてその働き方が柔軟であるというプラスの面がある一方,賃金やその他の雇用条件が正規より劣っているというマイナスの面もあります。実際,2015年の政府統計によれば,非正規雇用者の賃金は正規雇用者の6割程度となっています。また,厚生労働省が実施している就業形態調査によれば,非正規雇用者のうち約2割が「不本意ながら非正規社員を選んだ」と回答しているなど,社会の大き

1.4　労働力の非正規化

な課題となっています。

■ 1.5 労働時間

　労働サービスの量は人数だけで測られるものではありません。労働サービスの量は労働者1人当たりの労働時間によって変わってきます。例えば、一日の労働時間が8時間から4時間になれば、労働者数に変化はなくても労働サービスの量は半減します。労働サービスの量を測る際には、労働者数のみならず、労働時間も考える必要があります。

　労働者が実際に働いた時間数は総実労働時間と呼ばれます。図1-10は年間総実労働時間の推移を示したものです。総実労働時間は1970年から1980年代後半までは2100時間前後で推移していましたが、1980年代末頃から大きく減少し、2015年には1784時間となっています。

　総実労働時間は所定内労働時間と所定外労働時間を合計したものです。所定内労働時間とは事業所の就業規則で定められた正規の始業時刻と終業時刻との間の実労働時間数をいいます。また、所定内労働時間を超えて働いた分（早出、残業、臨時の呼出、休日出勤等）を所定外労働時間といいます。企業は、好景気時には残業時間を増やし、不況時には残業時間を減らすので、所定外労働時間は景気変動に敏感に反応することが知られています。

　図1-10には所定内労働時間および所定外労働時間の推移も示されています。所定内労働時間の短縮が総実労働時間の減少をもたらしていることがわかります。労働時間の低下は、週休2日制の普及や休日の増加、パートタイム労働者等の短時間労働者の増加によってもたらされたと考えられています。

　日本では労働者の健康確保を主な目的として、労働時間の上限が労働基準法という法律で規制されています。一週間の労働時間は40時間まで、一日の労働時間は8時間までというのが原則です（労働基準法32条）。このよう

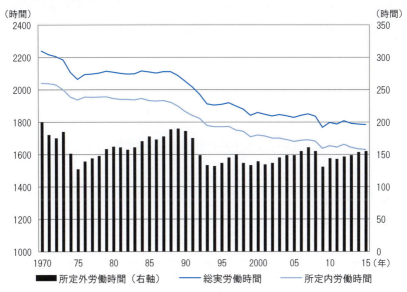

図 1-10　労働時間の推移

出所：厚生労働省「毎月勤労統計」

に，法律上定められた労働時間の上限を法定労働時間といいます。

企業が法定労働時間を超えて労働者を働かせる場合には，あらかじめ労働組合（労働組合がない場合には労働者の代表）と労働協定を締結し，労働基準監督署長に届ける必要があります。これは労働基準法の第36条に規定されていることから，サブロク協定と呼ばれています。また，時間外労働に対して企業は25％以上の割増賃金を支払う必要もあります。しかしながら，こうした割増賃金を支給しない形で残業が行われることがあり，これはサービス残業と呼ばれ社会問題となっています。

労働時間を調査している統計はいくつかあるものの，企業に対する調査では，サービス残業は法令に違反したものであるため表に現れてこないことが多いと考えられます。図1-10も企業を対象とした調査である「毎月勤労統計」に基づいており，サービス残業が含まれないため労働時間が短く算出さ

れている可能性があります。実際，2015年の年間総労働時間は毎月勤労統計では1784時間，労働者を対象とした調査である「労働力調査」では1938.6時間となっており，毎月勤労統計の値は約155時間短くなっています。

■コラム　長時間労働

　長時間労働の見直しは，現在，日本の働き方改革の最優先課題となっています。日本人は昔から働きすぎだといわれますが，実際，日本の労働時間は海外と比べて長いので

国　名	年間労働時間	労働生産性
ドイツ	1368	59.0
デンマーク	1412	63.4
オランダ	1422	61.5
フランス	1482	59.4
英国	1674	47.8
カナダ	1707	48.6
日本	1719	41.4
イタリア	1723	47.7
米国	1786	62.9
韓国	2113	31.8
メキシコ	2248	18.5

出所：OECD

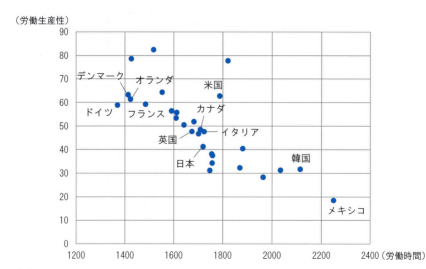

出所：OECD

しょうか，それとも短いのでしょうか？ 表は 2015 年の年間労働時間と労働生産性（ドル換算）を国際比較したものです。主要先進国の中で労働時間が一番短いのはドイツで，1368 時間です。一方，労働時間が一番長いのは米国で 1786 時間です。日本の労働時間はイタリア，米国よりも若干短く，1719 時間となっています。ドイツとの差は 351 時間で，一日の労働時間を 8 時間とすると，約 44 日分も長く働いていることになります。

ここで，ドイツと日本の労働生産性（1 人当たり GDP/労働時間）を見てみると，ドイツの 59 ドルに対して日本は 41.4 ドルとなっており，日本はその労働時間がドイツよりもはるかに長いにもかかわらず生産性が低いことがわかります。図は OECD 諸国について労働時間と労働生産性の関係を示したものですが，両者には負の関係があることがわかります。日本人は長時間働いている割には生産性が振るわないという事実があります。

■ 1.6 賃　金

　ここまで労働市場で取引される労働サービスの量の測定について見てきました。次に，労働サービスの対価である賃金のデータを見ることにしましょう。

　賃金とは労働者の提供するサービスの対価として使用者が支払う全てのものをいいます。つまり，給料，手当て，賞与など，名称は異なるものの，これらは全て賃金となります。

　賃金に関する代表的な統計は，厚生労働省「賃金構造基本統計調査」と「毎月勤労統計調査」です。賃金構造基本統計調査は賃金の実態を雇用形態，年齢，勤続年数など労働者の属性別に詳細に調べています。大規模調査のため，年に一回，毎年 7 月に実施，翌年の 2 月頃にその結果が取りまとめられます。これに対し，毎月勤労統計調査はその名のとおり毎月行われる賃金構造基本統計調査の簡易版です。毎月調査がされ，翌月末に速報が出るので，短期的な賃金動向を知ることができます。賃金構造基本統計調査との最大の違いは，個々の労働者のことは聞かず事業所全体に尋ねている点です。なお，これらの統計では従業員が 5 人以上の事業所を調査対象としており，4 名以

図 1-11　賃金に関する用語の説明

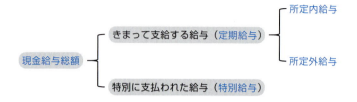

下の事業所で働く労働者が調査の対象になっていないことに注意を払う必要があります。

まず，統計調査における賃金に関する用語を紹介しましょう。図 1-11 は労働統計において用いられる賃金に関する用語をまとめたものです。

現金給与総額とは，所得税や社会保険料，組合費などが差し引かれる前の給与総額のことです。毎月決まって支給される定期給与にボーナスなどの特別給与を加えた合計額となっています。定期給与とは労働契約や事業所の給与規則などで定められている給与のことで，所定の時間内の労働に対して支給される所定内給与と，超過時間分の労働や休日・深夜労働に対して支給される時間外手当や休日出勤手当，深夜手当などの所定外給与で構成されます。

特別給与とは一時的または突発的に支給される給与です。特別給与には夏季・年末賞与などのようにあらかじめ支給条件は決められているものの，その額の算定方法が決定されていないものや，結婚手当などのように支給の時期があらかじめ決まっていないものが含まれます。また，算定が 3 ヶ月以上の間隔を空けて行われる期末手当なども，特別給与として扱われます。

統計で賃金水準を調べるときには，賃金をどの時間単位で測定するかが重要です。日本では，正社員の多くは月給で賃金を受け取っているのに対し，パートやアルバイトといった非正社員は時給で賃金を受け取る場合が多く見受けられます。このように賃金に対応する労働時間が異なるため，何らかの統一的な時間単位で賃金を測定する必要があります。多くの場合，賃金率と呼ばれる時間当たり賃金が用いられます。例えば，月の賃金をその月の労働

図 1-12 現金給与総額（時給）の推移

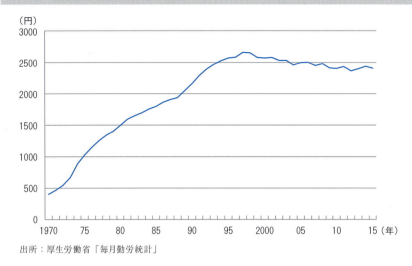

出所：厚生労働省「毎月勤労統計」

時間で割ることで，月給を時給に換算することができます。

実際のデータを見てみましょう。2015 年の労働者（5 人以上の規模の事業所に勤務）の平均月給は 35 万 7949 円，総実労働時間は 148.7 時間となっています。これより，2015 年の平均時給は 35 万 7949 円 ÷148.7 時間＝2407 円となります。

図 1-12 は「毎月勤労統計」から作成した時給（現金給与総額）の推移を示したものです。賃金は 1970 年から 1990 年代後半までは上昇傾向にあったものの，1997 年をピークに下落に転じたことがわかります。1997 年の賃金を 100 とすると，2015 年の賃金は 90.4 とピーク時と比べて約 1 割低下しています。特に，2008 年のリーマン・ショック直後は賃金の大幅な下落が観察されており，企業が賃金の引き下げにより不況に対処したことがわかります。なお，図 1-13 に見るように，同時期に欧米諸国ではこのような賃下げは観察されておらず，先進国の中では日本だけ賃金が下がり続けています。

1.6 賃金 21

図 1-13　賃金の国際比較

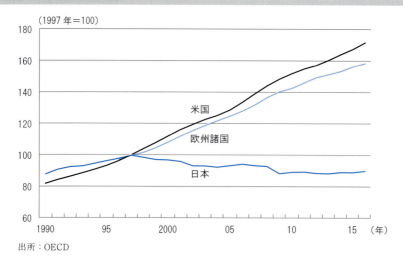

出所：OECD

● 名目賃金と実質賃金

　賃金を見る際には，名目賃金と実質賃金を区別することが重要です。名目賃金とは労働者が受け取る額面の賃金そのものをいいます。例えば，毎月の給与が 30 万円であれば，名目賃金は 30 万円ということになります。図 1-12 で見た時給も額面上のものであり，名目賃金です。これに対して，実質賃金とは，名目賃金を物価水準で調整したものをいいます。実質賃金は，労働者に支払われた賃金額で実際にどれだけのモノやサービスが購入できるかを表しています。

　私たちの生活水準の変化を見る際には，名目賃金ではなく，実質賃金の動向が役に立ちます。例えば，昨年，毎月 10 万円の賃金をもらっていた人が，今年は毎月 20 万円の賃金をもらうことになったとします。この場合，名目賃金はこの一年間で倍になったことになります。では，この人の生活水準がその分，上がったかというとそうとは限りません。もしこの一年間で，モノやサービスの価格が倍になっていれば，この人の生活水準は変化しないからです。

図 1-14 実質賃金の推移

出所：厚生労働省「毎月勤労統計」および総務省統計局「消費者物価指数」より作成。

　図 1-14 は実質賃金の推移を示しています。ここで，実質賃金は名目賃金を物価水準の指標である消費者物価指数で割ったものとして測っています。また，2010 年の実質賃金を 100 として基準化した指数で表しています。1970 年の実質賃金は 50.5 であり，2010 年水準の半分となっています。これは，1970 年と比べると，購買力で見た 2010 年の賃金は倍になったことを意味しています。名目賃金同様，実質賃金も 1990 年代後半までは上昇傾向にありましたが，その後，低下傾向にあることがわかります。

◆Review Exercises
1. 失業者と非労働力人口の違いを説明しなさい。
2. 有効求人倍率とは何か説明しなさい。また，有効求人倍率を見る際の注意事項は何かを述べなさい。
3. 昨年，毎月 30 万円の賃金をもらっていた人が，今年は毎月 30 万 6 千円の賃金をもらうことになったとします。この時，この人の生活水準がどのように変化し

たのかを説明しなさい。
4. 日本の労働時間は欧米諸国と比較してどのような特徴があるのかを，時系列データを用いて分析しなさい。
5. 日本の賃金は1990年代後半をピークに減少傾向にありますが，その原因として考えられるものを述べなさい。

第 2 章

労働市場の需給分析

■ **Introduction**

労働市場では，労働サービスが取引されます。労働サービスの売り手は労働者，買い手は企業です。労働市場では労働者と企業が出会い，労働サービスが売買され，労働サービスの価格である賃金が決定されます。経済学において財・サービスが市場でどのように取引されるかを分析する基本的な枠組みに需要・供給分析があります。本章ではこの分析手法を用いて労働市場を分析することにします。

労働経済学は労働に関する諸問題を経済学の枠組みで分析する学問です。本章では，まず経済学の分析手法の基本，需要・供給分析を学び，それを用いて労働市場を分析することにしましょう。

■ 2.1 需要・供給分析

経済活動の中心は財やサービスの取引です。これを分析する基本的な枠組みが需要・供給分析と呼ばれるものです。

● 需要曲線と供給曲線

財やサービスの売買を分析するためには，財やサービスの買い手と売り手の行動を理解する必要があります。買い手と売り手の行動を表現するものがそれぞれ需要曲線と供給曲線です。

図 2-1 需 要 曲 線

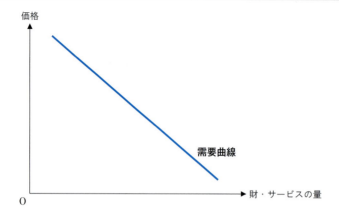

　需要曲線とは財・サービスの価格と需要量の関係を表したものです。ここで，需要量とは買い手が買いたいと思い，かつ買うことができる財・サービスの量のことです。図 2-1 の右下がりの曲線が需要曲線です。グラフの横軸は財・サービスの量を，縦軸は価格を表しています。

　需要曲線は右下がりとなっています。これは，価格と需要量の間には負の関係があることを意味しています。価格が下がるほど，需要量は大きくなり，逆に，価格が上がるほど，需要量は小さくなるということです。なぜでしょうか？

　モノの価格が上がると買い手は他のモノで代用しようとします。これは代替効果と呼ばれます。例えば，コーヒーの価格が上がった際，人々はコーヒーの代わりに紅茶を飲むかもしれません。この場合，コーヒーの需要量は減少します。また，モノの価格が上がるということは購買力が低下することを意味するので，人々は買い控えるようになります。これは所得効果と呼ばれます。モノの価格と需要量の関係はこの 2 つの効果によって決定されます。

　一方，供給曲線とは売り手の行動を表現したものです。供給曲線は財やサービスの価格と供給量の関係を表したものです。供給量とは売り手が売り

図 2-2 供給曲線

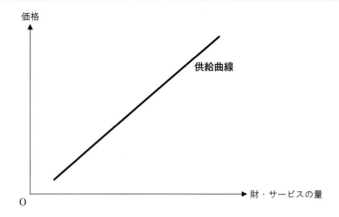

たいと思い，かつ売ることができる財やサービスの量のことです。価格が上昇すると，供給量も増えていきます。これは，財やサービスが高い値段で売れるのであれば，企業はそれらをもっとたくさん売ろうとするからです。図2-2 には供給曲線が描かれています。供給曲線は需要曲線とは逆に右上がりとなっています。

● 市　場

ここまで，買い手と売り手の行動がそれぞれ需要曲線と供給曲線によって表されることを見てきました。買い手と売り手が財やサービスの売買をする場所を市場といいます。市場は様々な形態をとりますが，ここでは完全競争市場を考えます。

完全競争市場とは次の4つの条件を満たしている市場です。

① （財の同質性）様々な売り手によって供給される財の質が同じである
② （多数の市場参加者）市場に多数の買い手と売り手が存在する
③ （完全情報）財に関する情報を市場参加者が持っている
④ （自由参入）市場への新規参入や撤退が自由である

完全競争市場では，市場参加者が多数存在しており，互いに競争関係にあるため，自分で価格を決定できず，市場で決まった価格を目安に行動することになります。このように市場価格を所与として行動する経済主体のことをプライステイカー（価格受容者）と呼びます。

2.2 市場均衡

市場において財・サービスの価格と販売量がどのように決定されるかを見るために，図 2-1 と図 2-2 を組み合わせてみましょう。図 2-3 は需要曲線と供給曲線をひとつのグラフにまとめたものです。需要曲線と供給曲線が一点で交わっていることがわかります。この交点は市場均衡点と呼ばれます。市場均衡点における価格を均衡価格，数量を均衡取引量といいます。均衡価格では需要量と供給量が一致しています。言い換えれば，市場均衡では買い手が買いたいと思いかつ買うことができる財・サービスの量と，売り手が売りたいと思いかつ売ることができる財・サービスの量がバランスしています。

次に，需要と供給がどのように市場で価格と販売量を決定するかを見てみましょう。今，財の価格が均衡価格よりも高いとします。この時，図 2-4 に示されているように供給が需要を上回る超過供給の状態が発生します。市場には買い手のない財があふれるため，価格が下がります。逆に，財の価格が均衡価格よりも低い場合には，需要が供給を上回る超過需要の状態になり，財の価格は上昇します。このように，価格調整を通じて，市場は需要と供給が一致する均衡点に落ち着きます。

ここでのポイントは，価格を調整するのは市場であり，経済主体ではないということです。言い換えれば，完全競争市場ではリンゴの価格はリンゴの生産者が決めるのではなく，市場が決めるということです。

図 2-3 市場均衡

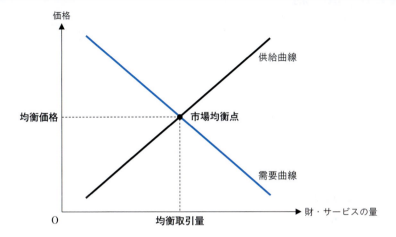

図 2-4 超過供給と超過需要

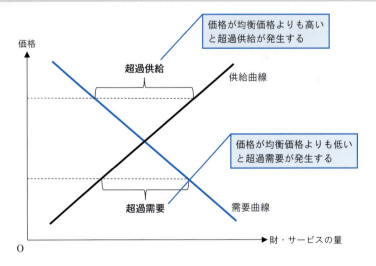

■2.3 余　剰

　市場で，企業が財・サービスを販売し，買い手が財・サービスを購入するのは，それによって何らかの利益が得られるからです。売り手の利益は生産者余剰，買い手の利益は消費者余剰と呼ばれ，それぞれ供給曲線と需要曲線から求めることができます。

　生産者余剰は価格と供給曲線の間の面積で表されます。つまり，図2-5のPEAの部分が生産者余剰となります。これは次のように説明されます。生産者余剰は売り手の利潤です。利潤は財・サービスを販売することの収益からその生産費用を引いたものとして計算できます。今，価格をPとすると，売り手はYだけ財・サービスを供給します。この時，売り手の収入は$P×Y$となります（例えば，コーヒーを一杯100円で10杯販売すれば，売り上げは100円×10杯＝1000円となります）。他方，生産にかかる費用は供給曲線より下の部分$OAEY$によって表されます。これは供給曲線が財・サービスを追加的に1単位生産することの費用を表しているからです（これについては第4章で詳しく学びます）。

　次に消費者余剰について説明します。買い手にとって，財・サービスを購入することの利益は効用（満足度）の増加です。消費者余剰とは効用の増加分を金銭表示したものであり，需要曲線と価格に囲まれた領域に等しくなります。図2-6のPBEは価格がPのときの消費者余剰を表しています。

　生産者余剰と消費者余剰の合計は総余剰あるいは社会的余剰と呼ばれます。生産者余剰と消費者余剰が売り手と買い手それぞれの利益を表したものなので，総余剰は経済全体の利益を表します。図2-7は完全競争市場の均衡における総余剰を表しています。なお，完全競争市場の均衡では総余剰は最大となります。

図 2-5 生産者余剰

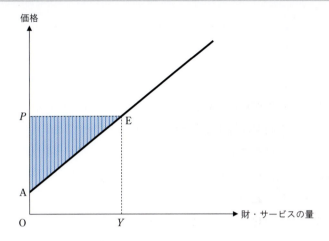

図 2-6 消費者余剰

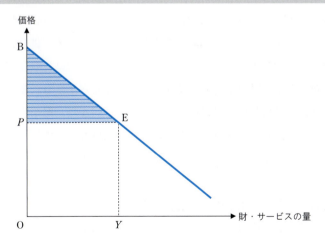

2.3 余 剰

図 2-7 市場均衡での総余剰

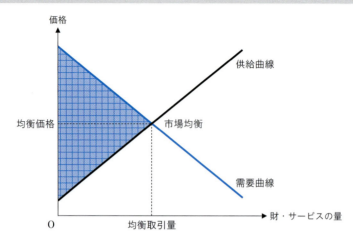

■ 2.4 労働市場分析

ここまで需要・供給分析を学んできました。次に，需要・供給分析を用いて労働市場を分析しましょう。労働市場で取引されるのは労働サービスです。財市場と同様に，労働市場でも「価格」と「数量」が決定されます。この場合，価格は賃金であり，数量は労働量となります。また，財市場では個人や家計が買い手（需要側）であり，企業が売り手（供給側）でしたが，労働市場では逆になります。個人や家計は労働を企業に提供する労働の売り手になります。一方，企業は労働の買い手となります。

労働市場で取引される労働サービスは生身の労働者が提供するため，他の財とは異なる性質を持つことに注意する必要があります。それらは

① 労働サービスの質は労働者の行動によって変わりうる
② 労働サービスの質は訓練や教育によって向上する

ということです。

さっそく需要・供給分析により労働市場を分析してみましょう。ここでは，労働市場は完全競争的であるとします。すでに説明をしましたが，完全競争市場とは①財の同質性，②多数の市場参加者，③完全情報，④自由参入という4つの条件を満たす市場のことです。

　労働市場が完全競争的であるとは，市場には多数の企業と労働者が参加しており，個々の企業や労働者個人が賃金をコントロールすることができないということを意味します。つまり，経済主体はプライステイカーとなります。また，企業と労働者はそれぞれ均一であるとします。これは，労働者は同様の資質や嗜好を持っており，企業はどの労働者を雇っても同じであり，また，同様に，企業はどれも同じであるため，労働者はどこの企業に雇われても同じことを意味します。さらに，企業や労働者は瞬時に移動することができ，その際にはコストはかからないものとします。

　それでは，需要・供給分析により労働市場を分析してみましょう。まず，労働需要は企業側の論理で，賃金が高くなると，あまり労働者を働かせたくなくなるので，必要となる労働量が低下するという話です。これを横軸に労働量，縦軸に賃金をとったグラフにすると，図2-8 のように右下がりの曲線で表現できます。これを**労働需要曲線**と呼びます。他方，労働供給は個人あるいは家計の論理で，賃金が高くなると，労働意欲が上がり，労働供給量が増えるというものです。これをグラフにすると，図2-8 にあるように右上がりの曲線になります。これが**労働供給曲線**です。

　労働需要曲線と労働供給曲線が交わる点が労働市場の均衡です。均衡における賃金を**均衡賃金**，労働量を**均衡労働量**と呼びます。均衡では労働需要と労働供給がバランスしています。

　労働の需給がバランスしておらず，労働需要が労働供給を上回っているとしましょう。この時，労働市場では人手不足が発生しています。労働需要が労働供給を上回る限り，賃金は上昇し，やがて労働市場は均衡に到達します。他方，労働供給が労働需要を上回っているときには，労働市場には失業が発生します。この場合，賃金が下落し，やはり，最終的には労働市場は均衡に

図 2-8　労働需要曲線と労働供給曲線

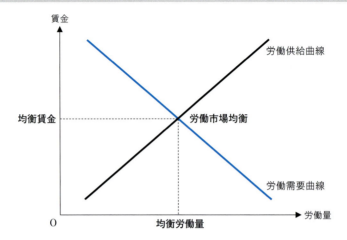

到達することになります。均衡では人手不足や失業という問題は発生しないことに注意してください。

　財市場の分析で，売り手と買い手の利益，つまり，生産者余剰と消費者余剰をそれぞれ供給曲線と需要曲線から導出しました。ここでは，労働市場における労働者と企業の利益を考えることにしましょう。労働供給によって得られる労働者の便益の増分は労働者余剰と呼ばれます。これは労働供給曲線と賃金で囲まれた領域と等しくなります。また，企業の利益は生産者余剰と呼ばれ，労働需要曲線と賃金で囲まれた部分がそれを表します。均衡では，労働者余剰と生産者余剰を合わせた総余剰が最大になります。これは，市場メカニズムのもとでは，最も効率的な資源配分が達成されていることを意味しています。図 2-9 は市場均衡における労働者余剰と生産者余剰を表しています。

図 2-9　労働市場均衡における余剰

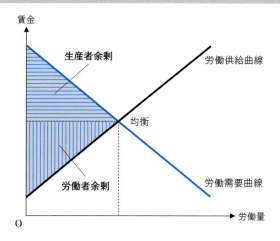

■ 2.5　応 用 例

　需要・供給分析は単純でありながら，労働市場を分析するのに実に有用です。この枠組みを用いて経済における変化が労働市場に与える影響を分析することができます。

● 景気変動と労働市場

　まず，景気と労働市場の関係を分析してみましょう。具体的には，景気が良くなった場合，雇用・賃金がどのように変化をするのかを分析します。
　景気が良くなると，モノやサービスが売れるようになるため，企業は労働者を増やして，生産を増やそうとします。これは労働需要を増やすことになります。図 2-10 に示されているように，同じ賃金のもとで企業はより多くの労働サービスを需要するので，労働需要曲線は右にシフトします。この結果，均衡点は点 E_0 から点 E_1 に移動し，賃金が上昇し，雇用が拡大すること

図 2-10 景気（好況）が労働市場に与える影響

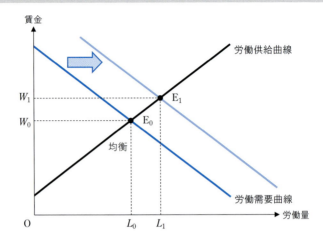

がわかります。つまり，好景気時には雇用が拡大，賃金が上昇することがわかります。逆に，不況期には労働需要曲線は左にシフトし，雇用は減少，賃金は低下します。

● 人口減少が労働市場に与える影響

次に人口の変化が労働市場に与える影響を分析してみましょう。第1章でも見たとおり，日本では人口減少が進んでいます。人口の減少は雇用・賃金にどのような影響を与えるのでしょうか？ 人口の減少は労働者数の減少を意味します。実際，日本では人口の減少に伴い，労働力人口は1998年をピークに低下傾向にあります。労働者数の減少は図2-11に見られるように労働供給曲線を左にシフトさせます。労働供給曲線のシフトにより均衡は点E_0から点E_1に移動し，賃金が上昇し，雇用量は低下します。

● 外国人労働者の受け入れ

需要・供給分析によって外国人労働者の受け入れが労働市場に与える影響を分析することも可能です。図2-12で国内企業による労働需要曲線はD_1，

図 2-11 人口減少が労働市場に与える影響

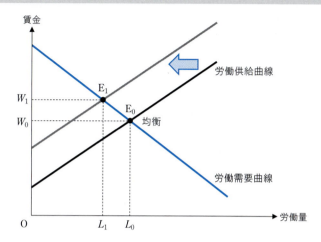

国内労働者による労働供給曲線は S_1 で与えられているとします。外国人労働者を受け入れない場合，市場均衡は D_1 と S_1 の交点 E_1 であり，国内の均衡労働量は L_1，均衡賃金は W_1 となります。

今，政府の政策により外国人労働者を積極的に受け入れたとします。外国人労働者の受け入れは労働供給曲線を右にシフトさせ，労働供給曲線は S_2 になります（なお，この分析では国内労働者と外国人労働者は完全に代替可能であると仮定します）。この結果，労働市場均衡は E_2 となり，雇用量は L_2 に増加，賃金は W_2 に低下します。ここで，雇用量 L_2 のうち，L_0 は国内労働者，$L_2 - L_0$ は外国人労働者によるものです。外国人労働者の受け入れにより，国内労働者の雇用が L_1 から L_0 に減少したことを確認してください。

これは，外国人労働者の受け入れにより賃金が低下し，一部の国内労働者がこの市場から退出するためです。このように，外国人労働者の受け入れは，国内の賃金を下げると同時に国内労働者の雇用量を低下させます。どの程度，賃金や国内労働者の雇用量が低下するかは労働需要曲線と労働供給曲線の傾きに依存します。

図 2-12　外国人労働者の受け入れ

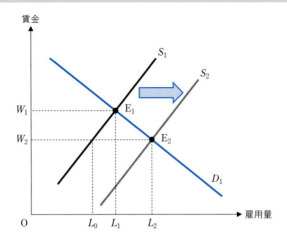

■コラム　外国人労働者の受け入れ

　近年，少子・高齢化に伴う労働力人口の減少や経済のグローバル化を背景に，外国人労働者の受け入れの是非についての議論が活発化しています。外国人労働者の受け入れを拡大することのメリットとしては，労働力の確保，国際競争力の強化，多様性による

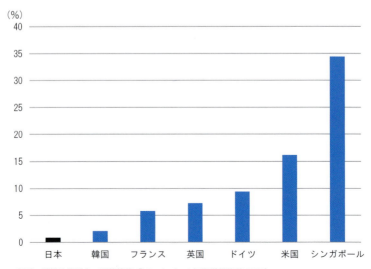

出所：労働政策研究・研修機構「データブック国際労働比較 2017」

企業活動の活性化などがあげられます。一方，そのデメリットとしては国内労働者の雇用を奪う可能性や文化摩擦・治安悪化の可能性などがあげられます。

日本における外国人労働者の数は近年，増加傾向にあり，2016年には初めて100万人を超えました。しかしながら，他の先進国と比較すると労働者に占める外国人比率は低い水準となっています（図を参照）。

これまで日本政府は高度人材に対しては積極的に受け入れる一方，単純労働者の受け入れについては，国内の労働市場をはじめ，経済や国民生活に大きな影響を及ぼすとして制限してきました。しかしながら，最近では留学生や技能実習制度といったサイドドアから事実上の単純労働力が流入していることが指摘されています。また，今後は高度外国人材の獲得競争が世界でも激化することが予測されています。日本は外国人労働者をどのように受け入れるべきかを真剣に検討する必要に迫られています。

◆Review Exercises
1. 労働市場が完全競争的とは何か説明しなさい。
2. 賃金が均衡賃金を上回っているときに労働市場では何が起きているかを説明しなさい。
3. コーヒー需要が増えた際に，カフェの雇用量および賃金がどのように変化するか図を用いて分析しなさい。
4. 機械化によって人の代わりにロボットたちが仕事をするようになったとしたら，労働市場では何かが起こるかを需要・供給モデルで分析しなさい。

第 3 章

労働供給

■ **Introduction**

　労働供給は労働市場を分析する際に最も重要なもののひとつです。労働供給とは生産活動に投入される労働サービス量のことをいいます。労働供給はどのように決まるのでしょうか？ 労働供給は個人の働くことに関する意思決定によって決定されます。例えば，主婦はパートに出るのかどうか，また，働くとしたら週にどのくらいの時間を働くのかを決めます。夫の収入が高かったり，家作等から収入がある場合，主婦はパートに出ようとは思わないかもしれません。また，パートに出ている主婦はその賃金が高くなれば，それまで以上に働こうと思うかもしれません。このように個人の労働供給に関する意思決定は賃金や所有する資産などに影響を受けます。本章ではこのような個人の働くことについての意思決定を分析する理論的枠組みを学ぶことにします。

　本章では<u>労働供給</u>について学びます。労働供給とは<u>生産のために投入される労働サービス量</u>です。労働サービス量は労働時間や労働者数などによって測られます。

　労働供給はどのように決定されるのでしょうか？ 個人は働くのか，あるいは働かないのか，また，働く場合，どのくらい働くのかを選択します。働けば稼いだお金でモノやサービスを購入することができます。しかし，一日は 24 時間と限られているので，働くことで余暇の時間は短くなります。余暇時間と労働時間はコインの裏表の関係にあるのです。

　個人はモノやサービスを消費したり，余暇を楽しんだりして，満足を得ます。労働により余暇時間が減れば，個人の満足度は下がります。一方，労働時間を短くすると余暇時間は増えますが，労働所得の低下により消費が減少，

その分，満足度が低下します。個人はその満足度をできるだけ高めるように行動します。このような個人の行動を分析することで，労働供給がどのように決定されるかを分析することができます。

個人の労働供給決定を分析するのに用いられるのがミクロ経済学の消費者行動理論と呼ばれるものです。本章ではこの理論を学ぶことで，個人の労働供給の決定を分析しましょう。

■ 3.1　個人はどのように行動するのか？

労働供給がどのように決定されるかを見るためには，個人の行動を分析する必要があります。個人の目的は「財・サービスの消費や余暇時間から得られる満足度を最大化すること」です。通常，財・サービスの消費量が多くなるほど，また，余暇時間が長くなるほど，個人はより高い満足を得られると考えます。では，個人が限りなく消費や余暇を増やせるかというとそうではありません。なぜなら，個人には所得や時間の制約があるからです。所得以上に消費をすることはできませんし，一日の時間は限られているので，余暇時間にも上限があります。そこで個人は所得や時間に関する制約のもと，その満足度を最大化するように行動すると考えられます。

> ◎ **Point3.1**
> 個人は所得や時間に関する制約のもと，その満足度を最大化するように財・サービスの消費量や余暇時間を決定する。

■3.2 満足度合いを測る

　個人がどのように労働サービスを供給するかを分析するために，まず個人がどのように満足を得るかを考えましょう。

　個人は消費と余暇から満足を得るとします。経済学では満足のことを効用と呼びます。個人は消費や余暇が多ければ多いほど，その効用も高くなるとします。消費と余暇から得られる効用は次の効用関数と呼ばれるもので表現されます。

$$U = f(C, L)$$

ここで，U は効用水準，C は財・サービスの消費量，L は余暇時間を表しています。効用関数は財・サービスの消費量 C と余暇時間 L が与えられると，個人の効用水準 U がどのくらいになるかを教えてくれるものです。

　ここで同一の効用水準を与える消費と余暇の組み合わせを考えましょう。横軸に余暇時間，縦軸に消費量をとると，同一の効用水準を与える消費と余暇の組み合わせは図 3-1 の曲線のような形で表すことができます。この曲線は無差別曲線と呼ばれます。

　図 3-1 には消費と余暇の組み合わせがいくつか示されています。点 A と点 B を比較してみましょう。点 A は点 B よりもその消費量が多くなっていますが，余暇時間は短くなっています。個人はどちらの点を好むでしょうか？　答えは同じです。なぜなら点 A と点 B は同じ無差別曲線上にあるからです。無差別曲線上の全ての点はその中身は異なるものの，個人に同じ効用水準をもたらします。

図 3-1　無差別曲線

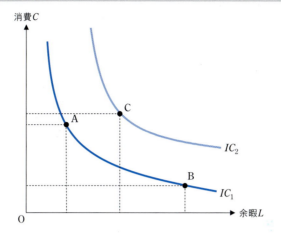

> ◎ **Point3.2**
> - 消費と余暇がどれだけの効用を個人に与えるかを表すものが効用関数である。
> - 効用関数は無差別曲線を用いて図示することができる。
> - 無差別曲線は同一の効用水準を与える消費と余暇の組み合わせを表している。

無差別曲線にはいくつか重要な性質があります。

① **無差別曲線は右下がり**

　通常，個人の効用水準は余暇時間が長いほど，また消費量が多いほど，高くなると仮定します。仮に無差別曲線が右上がりだとすると，余暇や消費が増えても，個人の効用が変わらないケースが発生します。これは明らかに仮定に反します。効用水準を一定に保ちながら，余暇時間を長くするためには，消費量を減少させる必要がありますが，これは無差別曲線が右下がりであることを意味します。

図 3-2　無差別曲線の性質

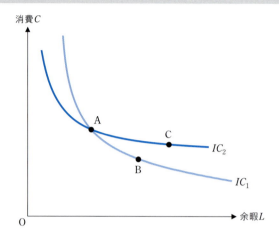

② **無差別曲線は右上方向にいくほどその効用水準が高くなる**

図 3-1 には無差別曲線が 2 本描かれています。右上方向に位置する無差別曲線 IC_2 の方が IC_1 よりも高い効用を個人に与えます。これは IC_2 上の点 C と IC_1 上の点 A を比べると理解しやすいでしょう。点 C は点 A よりもその消費量と余暇時間が多くなっています。個人は消費も余暇も多ければ多いほど効用が高くなるため、点 C の方が点 A よりも高い効用を個人に与えます。無差別曲線上の点は全て同じ効用水準をもたらすため、点 C を通る無差別曲線の方が、点 A を通る無差別曲線よりも高い効用を与えることになります。

③ **無差別曲線は交わらない**

無差別曲線が交わらない理由は図 3-2 から容易にわかります。図 3-2 では無差別曲線が交わっているケースを考えています。点 A と点 B は同じ無差別曲線上にあるので、同じ効用水準を与えます。また、点 A と点 C も同じ無差別曲線上にあるため、同じ効用水準をもたらします。この結果、個人にとって点 B と点 C は無差別となるはずです。しかしながら、図 3-2 から明らかなように、点 C は点 B と比較して余暇時間も

消費量も多くなっているため，個人は点Bよりも点Cを好むはずです。このように無差別曲線が交わるとすると，矛盾が生じます。つまり，無差別曲線は互いに交わらないのです。

④ **無差別曲線は原点に対して凸**
無差別曲線が原点Oに対して凸となるのは効用関数の形状に関する仮定によるものです。のちに説明しますが，同じ効用水準を保ちながら，余暇時間を1単位減らすのに必要な消費量の増加分が，余暇時間が多くなるほど小さくなることを仮定することで原点に向かって凸の形の無差別曲線となります。

3.3 限界効用と限界代替率

個人が消費量や余暇時間を変えると得られる効用も変化します。効用関数のインプットを1単位変化させたときの効用の変化を**限界効用**といいます。

消費の限界効用とは余暇時間を変えずに，消費量だけを1単位変化させたときの効用の変化をいいます。また，余暇の限界効用とは消費量を変えずに，余暇時間を1単位変化させたときの効用の変化のことです。消費の限界効用を MU_C，余暇の限界効用を MU_L で表すことにします。個人は消費や余暇が増えるほど，高い効用を得られると仮定しているので，消費と余暇の限界効用は正の値をとることになります。

限界効用から無差別曲線の傾きを計算できます。無差別曲線の傾きは**限界代替率**と呼ばれます。無差別曲線の傾きは「余暇時間を1単位増やすためにあきらめてもよい消費量」を表しています。

図3-3で点Aから点Bへの変化を考えましょう。つまり，個人は余暇時間を ΔL だけ増やす代わりに，消費量を ΔC だけ減らすとします。ここで，Δ は変化分を示す記号です。この時，余暇時間を増やしたことから得られる

図 3-3 限界代替率逓減の法則

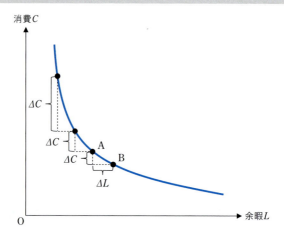

効用は $MU_L \times \Delta L$ となります。また，消費量を減らしたことから効用は $MU_C \times \Delta C$ だけ減少します。点 A と点 B は同じ無差別曲線上にあるので，この消費と余暇の組み合わせの変化によって，個人の効用水準は変わりません。つまり，$MU_L \times \Delta L + MU_C \times \Delta C = 0$ が成立します。これより，無差別曲線の傾きは

$$\frac{\Delta C}{\Delta L} = -\frac{MU_L}{MU_C}$$

となります。

　無差別曲線が原点に対して凸であるということは，無差別曲線の傾きの絶対値が右に行くほど（余暇時間が長くなるほど）小さくなっていくということを表しています。これを限界代替率逓減の法則といいます。

■ 3.4　予 算 制 約

　次に個人が直面する制約を考えましょう。個人の消費および余暇は個人の所得と所有する時間の制約を受けます。

　個人の所得は働くことで得られる労働所得と資産などから得られる非労働所得から成り立っているとします。個人は所得より多く消費をすることはできません。つまり，消費と所得には次のような関係が存在します。

$$C \leq wH + Y$$

ここで，w は賃金率，H は労働時間，Y は非労働所得を表しています。これは予算制約式と呼ばれるものです。また，個人は利用可能な時間 T を労働と余暇に配分するとします。つまり，

$$T = H + L$$

が成立します。これより，予算制約式は次のように書き換えることができます。

$$C \leq wT + Y - wL$$

これを横軸に余暇時間，縦軸に財・サービスの消費量をとった平面に描いてみましょう。

　図 3-4 の直線 AE は予算制約式が等号で成立している部分（$C = wT + Y - wL$）を表しています。この直線は予算制約線と呼ばれます。点 E では余暇時間が T と等しくなっています。この時，労働時間はゼロとなり労働所得が得られないため，個人の所得は非労働所得 Y だけとなり，消費可能な財・サービスの量も Y となります。また，点 A では個人は全ての時間を労働に費やすため，余暇時間はゼロとなっています。この時，消費可能な財・

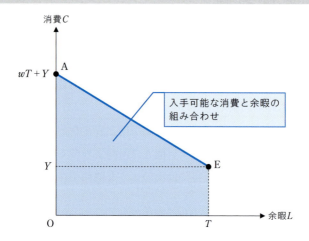

図 3-4　予算制約

サービスの量は労働所得と非労働所得の合計である $wT+Y$ となります。これより，予算制約線と横軸と縦軸で囲まれている場所（OTEA）は入手可能な余暇時間と財・サービスの消費量の組み合わせ（<u>消費可能集合</u>）を表していることがわかります。

■ 3.5　個人の選択

個人は<u>効用最大化</u>を目指して行動します。これは<u>賃金率と非労働所得が与えられた予算制約のもと，効用水準が最大となるような消費と余暇時間を選択すること</u>を意味します。

図 3-5 を用いて説明しましょう。今，賃金率が時給 1000 円，個人の非労働所得が 1 万円，利用可能な時間が 110 時間（一日の睡眠時間が 8 時間だとすると，一週間で 16 時間×7 日＝約 110 時間）だとします。

点 M は個人の効用が最大となる最適な消費と余暇時間の組み合わせを表

図 3-5 労働者の効用最大化

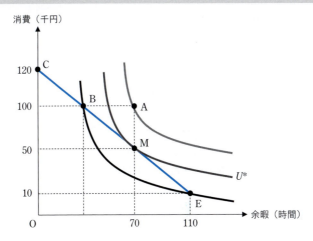

しています。個人の余暇時間は 70 時間，労働時間は 40 時間，そして消費は 5 万円です。また，点 M における効用水準は U^* となっています。なぜ，点 M が労働者の最適な選択を表しているのでしょうか？

個人はできるだけ満足度を高めたいと考えているので，可能ならば点 M よりも点 A の消費と余暇時間の組み合わせを選びたいと思っています。なぜなら，点 A の方が点 M よりも高い効用水準を与えるからです。しかしながら，点 A での消費は 10 万円と，個人の労働所得（4 万円）と非労働所得（1 万円）の合計金額を超えているため選択できません。次に，点 B の消費と余暇時間の組み合わせを考えてみましょう。点 B は予算制約を満たしていますが，個人は点 B を選択しようとはしません。なぜなら，点 B における効用水準は点 M のものより低いからです。

この例からもわかるように，個人の効用は予算制約線と無差別曲線が接する点で最大になります。点 M のように最適な消費・余暇時間がともに正の値をとる場合，この解を内点解と呼びます。これに対して図の点 C や点 E を解とすることを端点解と呼びます。

最適解では，無差別曲線が予算制約線と接していることがわかりましたが，

これは無差別曲線の傾きが予算制約線の傾きと一致していることを意味しています。つまり，最適解では

$$\frac{MU_L}{MU_C} = w$$

が成立していることがわかります。

> ◎ **Point3.3**
> 個人の効用最大化が達成されるポイントは無差別曲線と予算制約線が接している点である。その時，「無差別曲線の傾き＝予算制約線の傾き」が成立する。

3.6 非労働所得の変化

　非労働所得 Y が増加した場合の影響を調べましょう。先ほどの例では個人の非労働所得は1万円でしたが，それが2万円に増えたとします。図3-6からわかるように，非労働所得の増加は予算制約線を上方にシフトさせます。ここで，変化するのは非労働所得だけであって，賃金率は変化しないため，予算制約線の傾きは変わらないことに注意しましょう。

　非労働所得の増加は個人が選択できる消費量と余暇時間の組み合わせ（消費可能集合）を拡大するため，最適な消費・余暇の組み合わせも変化します。図からわかるように，非労働所得の増加に伴い，最適解は点Mから点Nに移動し，最適な消費水準は増加します。他方，余暇時間は図3-6(a)のように増加することもあれば，図3-6(b)のように減少する場合もあります。所得の増加に伴い，その消費量が増える財を正常財，その消費量が減る財を劣

図 3-6 非労働所得変化の影響

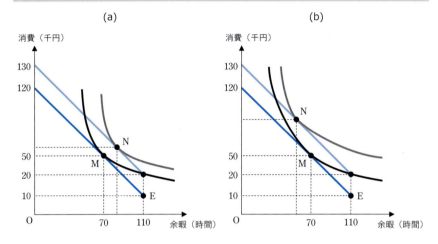

等財と呼びます。図 3-6(a) と図 3-6(b) はそれぞれ余暇が正常財と劣等財のケースを表しています。通常，余暇は正常財であると仮定されます。例えば，所得が増えると，人は夏には沖縄やハワイなどのビーチで過ごし，冬には北海道やスイスでウィンタースポーツを楽しむなど余暇を増やします。

■ 3.7　賃金変化の影響

　次に賃金率が変化した際の効果を見ましょう。今，賃金が時給 1000 円から 2000 円になったとします。変化したのは賃金率のみで，非労働所得 Y は変わらないものとします。図 3-7 に見られるように，賃金率の上昇は予算制約線の傾きを急にし，最適解は点 M から点 N に移動します。
　図 3-7(a) では，時給が 1000 円から 2000 円に上がったとき，個人は消費と余暇の両方を増やしています。余暇時間の増加は，労働供給の減少を意味しています。これに対して，図 3-7(b) では賃金が上昇した際に，個人は消

図 3-7 賃金変化の影響

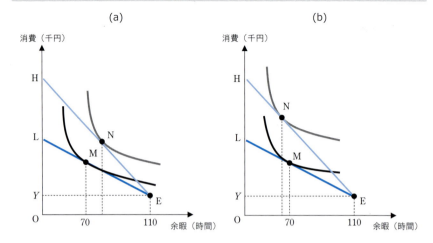

費を増やす一方で，余暇時間を減らしています。つまり，労働供給を増やしていることがわかります。この例からわかるように，賃金の上昇は労働供給を増やすこともあれば，減らすこともあります。

これは次のように説明されます。賃金の上昇は個人の予算を拡大します。これは個人が今まで以上に所得を得ることができると解釈できます。所得の増加により正常財である余暇時間が増え，労働時間は減ることになります。しかしながら，賃金の上昇が余暇時間に与える影響はこれだけではありません。余暇を1時間増やすことは，労働を1時間あきらめることと同じです。時給が1000円のときは，1時間余暇をとることで，1000円をあきらめることになりますが，時給が2000円になると，1時間の余暇をとるためには2000円をあきらめなくはいけません。つまり，賃金の上昇は余暇の価格上昇を意味するので，余暇に対する需要が減少することになります。

このように賃金の上昇は所得の上昇を通じて余暇時間を増やす効果と余暇の価格を上げることで余暇への需要を減らす効果の2つがあります。前者を所得効果，後者を代替効果と呼びます。所得効果と代替効果のどちらが大き

いかで賃金上昇が余暇時間および労働時間に与える効果が決定されます。所得効果が代替効果を上回るときには，賃金の上昇は余暇時間を増やし，労働供給を減らします。代替効果が所得効果を上回るときは逆の結果となります。

> ◎ **Point3.4** 所得効果と代替効果
> 所得効果＞代替効果　⇒　賃金の上昇は労働供給を減少させる
> 所得効果＜代替効果　⇒　賃金の上昇は労働供給を増加させる

3.8　就業選択

　ここまで，個人が働くものとして，どれだけの時間を働くかを分析してきました。しかし，実際にはまったく働かないという場合もあります。次に，個人が働くかどうかという意思決定について考えます。

　図 3-8 の点 E（初期保有点）は個人がまったく働かない場合の消費計画を表しています。この点 E を通る右下がりの曲線は，個人がまったく働かないときに得られる効用水準が U_0 であることを表しています。

　個人はどのような状況のときに労働市場に参入するのでしょうか？　点 E では，個人は利用可能な時間を全て余暇に費やし，非労働所得の分だけ財・サービスを消費します。この個人が働き始めると，余暇時間は減少しますが，労働所得を手に入れることができ，消費を増やすことができます。その結果，もし効用が高まるのであれば，個人は労働を供給すると考えられます。

　まず，賃金が低いケースを考えましょう。今，賃金が w_l だとすると，個人の予算制約線は図 3-8 の直線 LE となります。予算制約線上のどの点も U_0 より高い効用をもたらさないことがわかります。

　賃金が高い場合はどうでしょうか。今，賃金が w_h だとすると，個人の予

図 3-8　留保賃金と就業選択

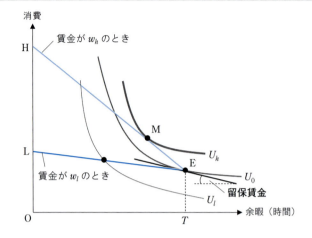

算制約線は直線 HE となります。この時，個人は働くことで，U_0 より高い効用を得ることができます。点 M では個人の効用は U_h となり，U_0 よりも高くなっていることがわかります。このように，個人は賃金が低いときは働きませんが，賃金が高いときには働きます。賃金率 w_l と w_h の間には個人が労働を供給するかしないか無差別となる賃金 w_r が存在します。この賃金率 w_r は留保賃金と呼ばれます。

留保賃金は個人が働くために必要最低限の賃金率をいいます。言い換えれば，留保賃金よりも低い賃金率では，個人は仕事をしなくなります。留保賃金は初期保有点 E における無差別曲線の傾きの絶対値として求められます。

> ◎ **Point3.5　留保賃金**
> 個人が仕事をするために必要最低限の賃金率を留保賃金という。留保賃金は個人の初期保有点における無差別曲線の傾きの絶対値として求められる。

■ 3.9 労働供給曲線の導出

　労働供給曲線は、賃金率が与えられたときに個人がどれだけ労働供給を行うかを示したものです。労働供給曲線は個人の効用最大化問題から導出されます。これを図で説明しましょう。

　図 3-9(a) は与えられた賃金率のもとでの最適な消費・余暇時間の組み合わせを示しています。この例では留保賃金は時給 800 円となっており、この賃金率のもとでは個人にとって働くことと働かないことは無差別になっています。時給 800 円以下ではこの個人の労働時間はゼロとなります。また、時給が 800 円を上回ると、この個人は就業を選択します。時給 1000 円では週 20 時間、時給 1200 円では 40 時間、そして時給 1800 円では 30 時間働きます。

　図 3-9(b) は個人の効用最大化問題から得られた賃金と労働時間の関係を

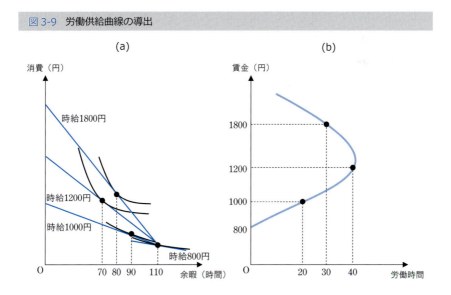

図 3-9　労働供給曲線の導出

表したものです。図では賃金率が低いときには賃金の上昇に伴い労働時間が増加しているのに対して，賃金が高いときには賃金の上昇に伴い労働時間が減少していることがわかります。このような労働供給曲線はバックワード・ベンディング（後方屈曲的）労働供給曲線と呼ばれます。

なぜ労働供給曲線がこのような形になるのでしょうか？これは代替効果と所得効果を考えると理解できます。代替効果が所得効果を上回ると，賃金率が上昇したときに労働供給は増えること，逆に，所得効果が代替効果を上回ると，賃金率が上昇した場合に労働供給が減少することを思い出してください。例では，賃金率が低い間は代替効果が所得効果を上回り，賃金率が高くなると逆になるケースを考えているので，労働供給曲線がバークワード・ベンディングとなっています。

■ 3.10　市場の労働供給曲線を求める

ここまで個人の効用最大化問題を考えることで，個人の労働供給行動がどのように決定されるかを見てきました。次に労働市場全体の労働供給を考えることにしましょう。

労働市場全体の労働供給は個人の労働供給曲線を（ヨコ方向に）足すことによって求めることができます。今，労働市場にはイチローさんとマコトさんの2人がいるとします。図 3-10 に示したように，イチローさんとマコトさんはそれぞれ異なった労働供給曲線を持っています。イチローさんとマコトさんの留保賃金をそれぞれ w_I^*，w_M^* とします。

労働市場全体の労働供給曲線を求めてみましょう。賃金が w_I^* より低いときはイチローさんもマコトさんも働きません。つまり，市場における労働供給はゼロとなります。賃金が w_I^* 以上になると，イチローさんは働き始めますが，賃金が w_M^* より低い限り，マコトさんは働こうとはしません。つまり，

図 3-10 市場での労働供給曲線の導出

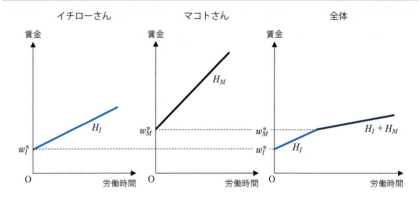

イチローさんの労働供給線が市場での労働供給曲線となります。賃金が w_M^* 以上の水準になると 2 人とも働くため，労働時間は $H_I + H_M$ となります。これは市場での労働供給曲線が 2 人の労働供給曲線を水平方向に足したものになるということを意味しています。

■ 3.11 労働供給の弾力性

　賃金の変化に対して労働供給量がどのくらい変化するのかという度合いを測る指標として，労働供給の（賃金）弾力性があります。労働供給の弾力性は次式のように，労働時間の変化率と賃金の変化率の比として定義されます。

$$労働供給の弾力性\ \sigma = \frac{\Delta H/H}{\Delta w/w} = \frac{\Delta H}{\Delta w}\frac{w}{H}$$

ここで，ΔH は労働時間の変化分，Δw は賃金の変化分を表しています。
　労働供給の弾力性は賃金が 1% 変化した際に，労働供給が何 % 変化するか

を表しています。また，労働供給の弾力性の符号（サイン）は労働供給曲線の形状に依存します。労働供給曲線が右上がりであれば，労働供給の弾力性はプラス，右下がりであれば，マイナスとなります。これは，代替効果と所得効果の大小関係が，労働供給の弾力性の符号を決めることを意味しています。

労働供給の弾力性の絶対値が大きいほど，労働供給量は賃金の変化に対して大きく反応します。労働供給の弾力性の絶対値が1より大きい場合，労働供給曲線は弾力的（elastic）であるといいます。他方，労働供給の弾力性の絶対値が1より小さい場合，労働供給曲線は非弾力的（inelastic）であるといいます。

労働供給の弾力性がどのように計算されるかを例で見てみましょう。マコトさんは，当初，時給1000円で週20時間働いていましたが，時給が1500円に上がり，週24時間働くことにしました。この場合，マコトさんの労働供給の弾力性は次のように計算できます。

$$\sigma = \frac{労働時間の変化分（\%）}{賃金の変化分（\%）} = \frac{(24-20)/20}{(1500-1000)/1000} = \frac{20\%}{50\%} = 0.4$$

労働供給の弾力性は0.4で1よりも小さいので，マコトさんの労働供給曲線は非弾力的であるといえます。

労働供給の弾力性を測ることは政策的にも重要です。例えば，税制は賃金を通じて雇用に影響を与えると考えられますが，労働供給の弾力性によって税制が雇用に与える影響，また，その結果，税収に与える影響が変わってきます。

欧米を中心に労働供給の弾力性の推定が数多く行われています。労働供給の弾力性は性別，年齢別で異なることが知られています。男性の労働供給の弾力性については様々な推定値がありますが，これまでの実証研究の結果から，その値は−0.1ぐらいだとされています。これは賃金が10%上昇したときに，労働時間が1%低下することを意味しています。賃金が上昇した際に，労働供給が減少するのは，所得効果が代替効果を上回るためです。

なお，労働供給の弾力性には静学モデルと動学モデルに基づくものがあります。静学モデルでは，今期の賃金変化に対して，今期の余暇と消費の代替を通じて，人々がどれだけ労働供給量を変化させるかを分析します。これに対して，動学モデルでは，今期における余暇と消費の代替のみならず，将来の労働供給との代替も含めて人々がどれだけ労働供給量を変化させるかを考えます。これは異時点間の労働供給弾力値と呼ばれます。

■ 3.12 女性の労働供給

表 3-1 は女性の労働力率を国際比較したものです。労働力率の水準は国によってばらつきがあることがわかります。2014 年の労働力率を見ると，日本の数字はイタリアや韓国などよりは高くなっていますが，欧州諸国や米国，カナダなどに比べると低くなっています。このように労働力率の水準が国によって異なるのは経済的要因に加えて，文化的・社会的諸要因を反映しているからです。

また，女性の労働力率は上昇傾向にあるということがわかります。日本の女性労働力率は 1990 年には 57.1％ でしたが，2014 年には 65.4％ まで上昇しています。

このような女性の労働力率の上昇はどのように説明できるのでしょうか？労働供給理論に基づくと，賃金の変化によって労働力率の変化を説明することができます。就業選択に関する理論を思い出してください。賃金の上昇はそれまで労働市場に参加していなかった女性の余暇への時間配分を少なくし，労働市場への参加を促します。実際，多くの国で女性の実質賃金が上昇しています。図 3-11 は実質賃金の変化と女性の労働力率の変化の関係を表したものです。両者には正の関係があることがわかります。

ただし，賃金の上昇のみが女性の労働力率上昇の要因ではありません。洗

表 3-1 女性労働力率の国際比較

国　名	1990	2000	2014
オーストラリア	61.9	65.5	70.7
カナダ	68.4	70.4	74.7
フランス	57.7	62.3	66.8
ドイツ	55.5	63.5	72.0
イタリア	43.6	46.2	54.0
日本	57.1	59.5	65.4
韓国	49.7	52.2	55.6
ニュージーランド	63.3	67.2	72.8
フィリピン	49.2	50.0	52.8
スウェーデン	81.5	75.4	78.9
スペイン	41.6	52.1	68.5
米国	67.1	69.9	66.2
英国	66.8	68.3	70.5
インドネシア	51.9	52.2	53.5

出所：世界銀行

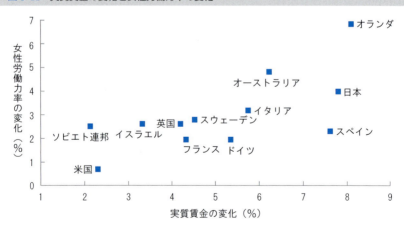

図 3-11 実質賃金の変化と女性労働力率の変化

出所：J.Mincer（1985）"Intercountry Comparisons of Labor Force Trends and of Related Developments: An Overview," *Journal of Labor Economics*, Vol.3, No.1, Part 2: Trends in Women's Work, Education, and Family Building, pp.S1–S32.

濯機や食洗器の開発など技術進歩により家事が楽になったことや主婦が簡単に働ける機会が増えたこと，また，子供の数が少なくなったこともその要因としてあげられます。

■3.13　応用例：制度が女性の労働供給に与える影響

図 3-12 は既婚女性の給与所得分布を示したものです。30〜59 歳までの年代において，100 万円前後に明白な「山」が確認できます。これは所得税および社会保障に関わる制度によるものだといわれています。ここでは，消費・余暇選好モデルを用いて，所得税制と社会保障制度が既婚女性の労働供給に与える影響を考えてみましょう。

まず，所得税の制度について簡単に説明します。所得税制には所得控除と呼ばれるものがあります。所得控除とは，所得税を計算するときに，所得から差し引くことができ，課税されないものをいいます。所得合計額から所得控除を差し引いたものに税率を掛けて所得税額が決定されます。

所得控除には様々な種類がありますが，その中に配偶者控除と呼ばれるものがあります。配偶者控除は，配偶者（主に妻）の年収が 103 万円以下なら，主な稼ぎ手（主に夫）の税金を軽くする制度です。妻の年収が 103 万円を超えているときには，夫の所得に応じて一定の金額の所得控除が受けられる配偶者特別控除という制度があります。配偶者特別控除は妻の年収が 141 万円未満の場合に適用を受けることができます（2018 年から配偶者控除などを満額受けられる年収の上限が現在の 103 万円から 150 万円に上がりますが，ここでは 2017 年以前の制度のもとで分析を行うことにします）。

また，2017 年以前の税制では年収が 103 万円以下であれば，所得税がかかりません。例えば，パートで働く妻の年収が 103 万円以下だとすると，妻に所得税がかからず，さらに，配偶者控除によって夫の税金も安くなるのです。

図 3-12　既婚女性の給与所得者の所得分布

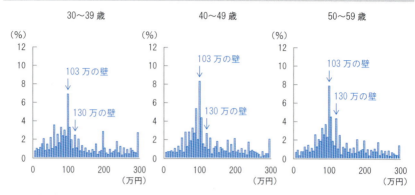

出所：内閣府「男女共同参画白書 平成 24 年版」

　これは，妻の年収が 103 万円を超えると，世帯の手取り額が減ってしまうことを意味しています。これより，所得税に関わる制度は「103 万円の壁」といわれ，女性が年収や労働供給を抑制する行動を生んでいるとされます。

　また，「130 万円の壁」と呼ばれるものもあります。これは年収 130 万円未満の妻は自ら年金の保険料を払わなくても，夫の扶養家族として年金を受け取れるため，この壁を越えない範囲に仕事をとどめておこうというものです。

　所得税制と社会保障制度がどのように世帯の所得に影響するかを，夫がサラリーマン，妻がパートタイマーという世帯を例に考えてみましょう。図 3-13 は，妻の年収と世帯の手取り額の関係を見たものです。

　妻の年収が 103 万円のところで手取り額が下がります。これは，夫が勤める会社が支給している配偶者手当が受け取れなくなるからです。日本では多くの企業が配偶者手当を支給していますが，妻の年収が 103 万円を超えるかどうかで，支給を決めるところが少なくありません。また，妻の年収が 103 万円を超えると，世帯の手取り額の傾斜が緩やかになります。これは本人に所得税がかかることと，配偶者控除を受けられなくなることの影響です。また，130 万円のところで手取り額が下がります。これは年金や医療保険の保

図 3-13 妻の年収と世帯の手取り額の関係

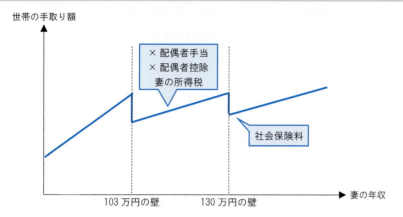

図 3-14 制度が女性の労働供給に与える影響

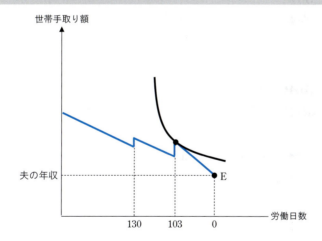

険料の負担が発生するためです。

さて，このような世帯の手取り額をもとに既婚女性の労働供給行動を分析してみましょう．今，賃金を日給1万円だとして，既婚女性が年間何日働くかを考えてみましょう．図 3-14 には世帯の手取り額の予算制約線が描かれています．点 E からわかるように，ここでは夫の年収が先ほどまでの非労働

所得と同じ役割を果たしています。

この予算制約線のもと，効用を最大化する無差別曲線を考えると，103万円あるいは130万円のところを選ぶ既婚女性が多いことがわかると思います。

◆Review Exercises
1. 賃金が上昇したときに労働供給がどう変化するかを分析しなさい。
2. 非労働所得の変化が労働供給に与える影響を分析しなさい。
3. 個人が労働市場に参加する要因が何かを論じなさい。
4. 消費税の増加が労働供給にどう影響するかを分析しなさい。

第 4 章

労働需要

■ Introduction

　本章では労働需要に関する理論を学びます。労働需要は労働供給と並び，労働市場分析のために不可欠なものです。労働を需要する経済主体は企業です。つまり，労働需要は企業行動から導かれます。ただし，企業の最大の目的は人を雇うことではありません。企業の目的は財・サービスを販売し利益をあげることです。そのために企業は人を雇ったり，工場を建てたり，機械を購入したりします。つまり，企業は財・サービス生産のために人を雇います。これは生産活動があってはじめて労働需要が生まれることを意味しています。企業の行動を分析することで労働需要がどのように決定されるかを学びましょう。

　この章では労働需要に関する理論を学びます。労働を必要とする経済主体は企業です。企業の目的は財・サービスを消費者に販売し利益を得ることです。そのために，企業は労働者や機械設備などを用いて財・サービスの生産を行います。つまり，企業が労働者を雇うのは財やサービスを生産するためなのです。これは生産活動がなければ雇用も生まれないことを意味します。よって，雇用は生産の派生需要といわれます。これは労働需要が基本的には企業の生産活動に規定されることを意味します。企業の行動を分析することで労働需要がどのように決定されるかを学ぶことにしましょう。

◎ Point4.1

労働は生産の派生需要である。

4.1 生産技術

企業は労働者，機械，材料などを用いて生産活動を行います。例としてカフェを考えてみましょう。カフェでは労働者，コーヒーマシーン，水，コーヒー豆などを用いてコーヒーを提供します。企業が生産する財を生産財と呼びます。例ではコーヒーが生産財となります。生産財を生産するのに必要となる労働者や機械設備などを生産要素と呼びます。カフェの例からもわかるように，様々な生産要素が存在しますが，ここでは，話を単純にするために，生産要素は労働と資本の2つに限定します。ちなみに，資本とは機械や工場など生産に用いられる耐久財のことをいいます。

企業は生産要素を用いて生産財を生産しますが，生産要素と生産財の関係は生産関数によって表現されます。生産関数とは企業が財・サービスを生産するのに用いる技術を表したものです。今，企業が生産する財の量を q，生産に用いる労働を L，資本を K とすると，生産関数は次のように表されます。

$$q = F(L, K)$$

ここで，労働の投入量 L は，労働者数×1人当たり労働時間（マンアワー）で，資本の投入量 K は，機械台数×稼働時間（マシンアワー）で測られます。

4.2 限界生産物と平均生産物

ここで，限界生産物と平均生産物という概念について説明しておきましょう。限界生産物とは他の生産要素を一定に保ちながら，ある生産要素を

追加的に 1 単位増やした際に，生産財がどれだけ変化するのかを表したものです。生産要素は労働と資本の 2 つなので，限界生物物も労働と資本に関して 2 つ存在します。

労働の限界生産物とは資本を一定にした上で，労働を追加的に 1 単位増やした際の生産財の増分のことです。労働の限界生産物 MP_L は生産物の変化分 Δq を労働の変化分 ΔL で割ったもので，

$$MP_L = \frac{\Delta q}{\Delta L}$$

と求められます。同様に，資本の限界生産物 MP_K は次のように求められます。

$$MP_K = \frac{\Delta q}{\Delta K}$$

ここで，ΔK は資本の変化分を表しています。資本の限界生産物は労働を一定とした上で，資本を追加的に 1 単位増やした際の生産財の増分を表しています。

通常，限界生産物は，その生産要素の投入量が多くなるにしたがって逓減するとされています。これは限界生産物逓減の法則と呼ばれるものです。この法則は，例えば，あるカフェで従業員が 3 名から 4 名に増えたときに作られる追加的なコーヒーの杯数の方が，従業員が 2 名から 3 名に増えたときに作られる追加的なコーヒーの杯数よりも少ないことを意味しています。

平均生産物とは生産要素 1 単位当たりの生産物です。限界生産物と同様に，労働と資本に関してそれぞれ平均生産物が存在します。労働の平均生産物 AP_L は総生産量 q を労働量 L で割ったもので，

$$AP_L = \frac{q}{L}$$

4.2　限界生産物と平均生産物

と求められます。同様に，資本の平均生産物 AP_K は次のように求められます。

$$AP_K = \frac{q}{K}$$

■ 4.3　利潤最大化行動

　企業の目的は利潤最大化です。利潤とは収入から費用を引いたものです。ここで，収入とは生産財の量にその価格を掛けたものであり，費用は財の生産に必要となる生産要素量にその価格を掛けたものです。つまり，企業の利潤は

$$\pi = pq - wL - rK$$

となります。ここで，p は生産財の価格，w と r はそれぞれ賃金と資本の価格を表しています。資本の価格とは資本設備1単位をレンタルする際にかかる費用（レンタルコスト）です。これらの価格は企業にとって所与であるとします。このように価格を所与として行動する企業を完全競争的企業と呼びます。企業は価格に影響を与えることができないので，労働量と資本量をコントロールすることで利潤を最大化しようとします。

> ◎ **Point4.2**
> 企業の目的は利潤最大化である。完全競争的企業は財の価格を所与として，最適な労働量と資本量を選ぶことで利潤を最大化する。

　企業の利潤最大化行動を考える際には，長期と短期を区別します。長期とは企業が全ての生産要素を自由に変えることのできる期間を指します。これ

に対して一部の生産要素の量が固定されている期間を短期といいます。通常，短期とは企業が生産要素のひとつである資本の量を変えることができない期間をいいます。短期・長期というのは1ヶ月とか半年といった特定の期間を意味しないことに注意しましょう。以下，短期の企業行動を分析した後，長期の問題を考察することにしましょう。

■ 4.4 短期の問題

短期では企業は資本量を自由に選ぶことができません。今，資本量は $\overline{K}$ で一定であるとします。この時，生産量と労働投入量の関係は $q = F(L, \overline{K})$ で表すことができます。これは労働の総生産物曲線と呼ばれるものです。図4-1 は横軸に労働量，縦軸に総生産物をとり，労働の総生産物曲線を描いたものです。

この労働の総生産物曲線から，労働の限界生産物曲線と平均生産物曲線を

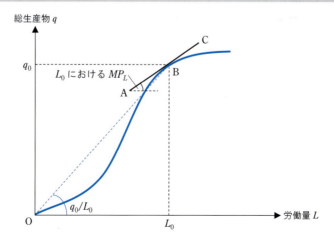

図 4-1　労働の総生産物曲線

図 4-2 労働の限界生産物曲線と平均生産物曲線

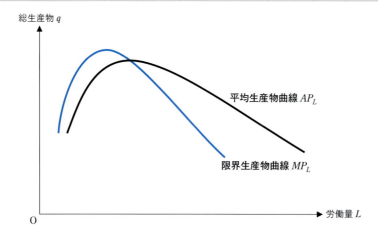

求めることができます。労働の限界生産物曲線とは労働の限界生産物 MP_L をグラフ上に示したものです。労働の限界生産物は数学的には労働の総生産物曲線の傾きと等しくなります。例えば，労働量が L_0 のとき，労働の限界生産物は図 4-1 の直線 AC の傾きと等しくなります。また，労働の平均生産物曲線とは労働の平均生産物 AP_L をグラフ上に示したものです。労働量が L_0 のときの平均生産物は図 4-1 の原点 O と点 B を結ぶ直線の傾きとなります。

図 4-2 には労働の限界生産物曲線（MP_L）と平均生産物曲線（AP_L）が描かれています。2 つの曲線の間には次のような関係が成立します。限界生産物曲線は平均生産物曲線が右上がりであるときには，常に平均生産物曲線の上に位置していますが，平均生産物曲線が右下がりになると，平均生産物曲線の下に位置します。これは平均生産物曲線がそのピークに達したときに，2 つの曲線が交わることを意味しています。

短期における企業の利潤は

$$\pi = pF(L, \overline{K}) - wL - r\overline{K}$$

となります。企業は労働量 L を適切に選ぶことで利潤を最大化しようとしま

す。なお，資本の費用 $r\overline{K}$ は一定なので，労働投入量の決定には影響しません。

　企業はどのように最適な労働投入量を選ぶのでしょうか？　例を用いて考えてみましょう。労働者を 100 人雇っている企業を考えます。話を簡単にするため，労働時間は無視し，労働投入量は労働者数のみとします。今，この企業がもう一人，労働者を雇うかどうかを検討しているとしましょう。企業は労働者を 1 人追加的に雇うことで，生産量を増やし，収入も増やすことができます。その一方で，企業は新たに雇う労働者に賃金を支払う必要があるので，費用が増加します。もし追加的な収入が追加的な費用である賃金を上回っていれば，利潤を最大化しようとする企業は 101 人目の労働者を雇うことになります。この例からもわかるように，労働者を追加的に 1 人雇うことによって得られる収入がその費用を上回る限り，企業は労働者を雇おうとします。次に，このことをもう少しフォーマルな形で表現することにしましょう。

　企業が労働者を追加的に 1 人雇うことによる収入の増分を労働の限界収入 VMP_L といいます。労働者を追加的に 1 人雇うことで，企業の生産物は労働の限界生産物分だけ増加します。生産物の価格は p なので，労働の限界収入は

$$VMP_L = p \times MP_L$$

となります。また，労働者 1 人当たりの収入を労働の平均収入 VAP_L と呼びます。労働の平均収入は

$$VAP_L = p \times AP_L$$

となります。図 4-3 は労働の限界収入と平均収入を描いたものです。労働の限界収入と平均収入はそれぞれ労働の限界生産物と労働の平均生産物に生産物の価格を掛けたものなので，図の 2 つの曲線は図 4-2 の 2 つの曲線を引き伸ばしたものとなります。

図 4-3 労働の限界収入と平均収入

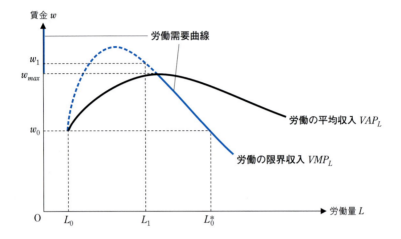

利潤を最大化する企業は労働の限界収入と追加的な費用である賃金が等しくなるところまで労働者を雇い続けるので，最適な労働者数は

$$VMP_L = w \qquad (4.1)$$

を満たすように決定されます。(4.1) 式は次のように書き直すことができます。

$$MP_L = \frac{w}{p}$$

これは労働の限界生産物が実質賃金と等しくなることを意味しています。また，利潤を最大化している労働量のもとでは限界収入曲線が減少している必要があります。図 4-3 を用いて説明しましょう。賃金が w_0 の場合，(4.1) 式を満たす労働量は L_0 と L_0^* の 2 つ存在します。L_0 では労働の限界収入曲線が右上がりになっているので，企業は労働量を増やすことで利潤を高めることができます。つまり，利潤を最大化することを目的としている企業は L_0 を選びません。他方，L_0^* では労働の限界収入曲線は右下がりとなってい

ます。これは企業がこれ以上労働量を増やすと，利潤が減ることを意味しています。言い換えれば，企業の利潤は労働量 L_0^* のもとで最大になっているということです。以上をまとめると，利潤最大化を図る企業はその労働量を次の条件によって決定します。

条件 1：$VMP_L = w$ かつ VMP_L が減少関数

条件 1 を満たす労働量は常に企業の利潤を最大化しているかというとそうではありません。賃金が非常に高い場合の企業行動を考えてみましょう。今，賃金が w_1 だとします。条件 1 によると最適な労働量は L_1 となりますが，仮に企業が L_1 だけの労働者を雇ったとしたら，労働の平均収入 VAP_L が賃金よりも低くなります。これは企業の利潤がマイナスになることを意味しています。利潤がマイナスになるのであれば，企業は生産活動を行わず，市場から退出します。この時，最適な労働量は L_1 ではなくゼロとなります。

企業が生産活動を行うためには，その利潤がマイナスとならないことが必要であり，これは労働の平均収入 VAP_L が賃金よりも高くならなくてはいけないことを意味します。つまり，企業が利潤を最大化するためには次の条件が必要となります。

条件 2：労働の平均収入 VAP_L が賃金を上回る

よって，図 4-3 では賃金が w_{max} 以下になると企業は生産活動を行うことになります。

ここまで企業の利潤最大化の条件を見てきました。次に労働需要曲線を企業の最適化行動から導出しましょう。労働需要曲線は賃金と労働需要量の関係を表したものです。賃金が平均収入曲線の最大値よりも高いときには企業は生産を行わないため，最適な労働量はゼロとなります。つまり，労働需要曲線は図 4-3 の縦軸と一致します。それ以外の場合は，労働需要曲線は労働の限界収入曲線の一部と一致します。

今，単純化のため，労働需要曲線が労働の限界収入曲線の一部となる場合

図 4-4　短期の労働需要曲線

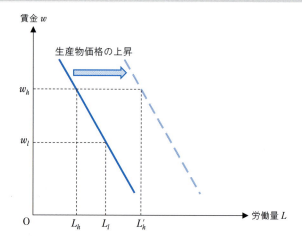

のみを考えましょう。図 4-4 は短期の労働需要曲線を描いたものです。これはある企業の限界収入曲線の一部に対応しています。今，賃金が w_h だとすると，企業は L_h の労働者を雇います。賃金が w_l に低下した場合，企業は雇用を拡大し，L_l の労働者を雇います。雇用が賃金の減少関数となっているのは，労働の限界生産物が逓減するためです。

ここで生産物価格の変化が労働需要に与える影響を見てみましょう。生産物価格の変化は労働需要曲線の位置をシフトさせます。生産物価格の上昇は労働の限界収入を増加させますが，これは労働の限界収入曲線が上方にシフトすることを意味します。労働需要曲線は労働の限界収入曲線の一部なので，同様に上方にシフトします。賃金が w_h だとすると，生産物価格が変化する前には企業は L_h だけの労働者を雇っていましたが，生産物価格が上昇すると雇用者数を L'_h に増やすことがわかります。

■ 4.5 長期の問題

　これまで資本が固定され，労働のみが変化する短期の労働需要を見てきました。次に長期の労働需要について解説します。長期では企業は全ての生産要素を自由に選ぶことができます。企業は機械の台数や労働者数の組み合わせを考えることで利潤を最大化します。

　長期の労働需要を分析する際には等量曲線と呼ばれるものを用います。等量曲線とは同一の生産量を達成する生産要素の組み合わせを図に表したものです。図 4-5 には横軸に労働，縦軸に資本をとって等量曲線を描いています。点 A と点 B は同じ等量曲線上にあるので，その労働と資本の組み合わせは異なりますが，同一の生産量（$q=10$）をもたらします。

　図 4-5 に見られるように，等量曲線は右下がりです。これは労働と資本が代替関係にあることを示しています。例えば，点 A から点 B へ生産方式を変えることは資本を節約する代わりに，労働を増やすことを意味しています。また，右上にある等量曲線ほど高い生産量に対応しています。さらに，等量曲線は原点に対して凸の形をしています。

　等量曲線の傾きの絶対値を労働の資本に対する（技術的）限界代替率といいます。限界代替率は次のように求められます。

$$\frac{\Delta K}{\Delta L} = -\frac{MP_L}{MP_K}$$

限界代替率は労働を 1 単位増やすことで節約できる資本の量を表しています。図 4-5 の点 A のように労働投入量が少ないときに労働を 1 単位増やすことで節約できる資本の量は多いのに対して，点 B のように労働投入量が多いときに労働を 1 単位追加することにより節約できる資本の量は少なくなります。このように，労働投入量が増えるにしたがって，労働の資本に対する限界代

図 4-5 等量曲線

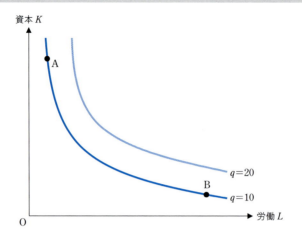

替率が減ることを**限界代替率逓減の法則**といいます。

4.3 節で見たように企業の目的は利潤最大化です。企業の利潤 π は収入から費用を引いたものなので次のように表されます。

$$\pi = pq - wL - rK$$

完全競争的企業は財の価格を所与として，労働量 L と資本量 K を選ぶことで利潤を最大化しようとします。今，企業の生産目標を q^* とします。この時，生産物価格と生産量が与えられているので，企業の収入 pq^* も決まります。収入が決まった値となっているので，企業がその利潤を最大にするためには，費用を最小にする必要があります。つまり，企業は生産目標 q^* を達成するという条件のもとで，その費用を最小にするような労働と資本の組み合わせを選びます。

生産に伴う費用 C は次のように表すことができます。

$$C = rK + wL \tag{4.2}$$

図4-6 等費用線

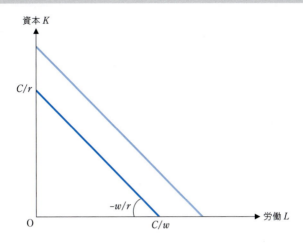

　ある特定の生産費用 C を達成する生産要素の組み合わせを**等費用線**といいます。図4-6 は横軸に労働 L，縦軸に資本 K をとって，等費用線を描いたものです。等費用線の傾きの大きさは生産要素の価格比 w/r となります。これは（4.2）式を次のように変形することからわかります。

$$K = \frac{C}{r} - \frac{w}{r}L$$

また，等費用線の縦軸の切片は C/r となりますが，これは等費用線が左下に位置するほど，生産費用が低くなることを意味しています。

　図4-7 は企業の費用最小化問題の解を描いたものです。生産量 q^* に対応する等量曲線のもと，生産費用を最小とする労働と資本の組み合わせは点 M で表されます。生産量 q^* は図の点 A や点 B でも達成できますが，これらの点を通る等費用線は点 M を通る等費用線よりも右上に位置するため，点 A や点 B では費用が最小になっていないことがわかります。図4-7 からもわかるように，点 M では等量曲線と等費用線が接しています。これは等量曲線と等費用線の傾きの大きさが同じであることを意味しています。つまり，

図4-7 企業の費用最小化問題

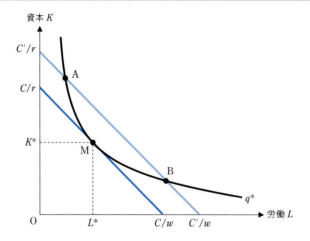

$$\frac{MP_L}{MP_K} = \frac{w}{r}$$

が成立しています。

　図4-7から企業がある特定の生産量 q^* を生産する際，その費用を最小にする労働量と資本量はそれぞれ L^* と K^* となることがわかりました。図4-8からわかるように，生産量のターゲットを変更すると，最適な労働と資本の組み合わせも変わります。例えば，生産量のターゲットを q^{**} とすると，最適な労働量と資本量は L^{**} と K^{**} となります。このように最適な労働量と資本量は企業がどれだけ生産するかに依存します。数学的に言えば，最適な労働量と資本量は生産量の関数になっているということです。つまり，$K^* = K(q^*)$ および $L^* = L(q^*)$ となります。

　最適な労働量と資本量のもとで生産費用は次のように表せます。

$$C(q^*) = rK(q^*) + wL(q^*)$$

図 4-8 生産量の変化が最適な労働・資本の組み合わせに与える影響

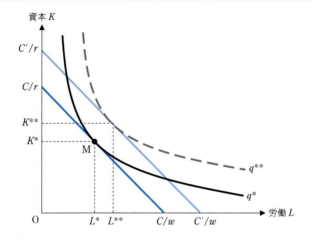

これより生産費用が生産量の関数になっていることがわかります。これは**総費用関数**と呼ばれます。

　ここまで企業はある生産量 q^* を生産するとしてその費用最小化問題を考えてきました。ここで重要なのは企業の目的は利潤最大化であって費用最小化ではないということです。ある特定の量を生産する場合，企業の利潤最大化問題と費用最小化問題は同じになりますが，そもそも企業がその利潤を最大化するためにはどれだけ生産するかを決めなくてはいけません。つまり，企業は

$$\pi = pq - C(q)$$

を最大にするように生産量 q を決定します。

　利潤を最大化する生産量は価格と**限界費用**が一致するように決定されます。限界費用とは生産量をわずかに（1単位）増やしたときに追加的に必要となる費用です。限界費用 MC は費用の変化分 ΔC を生産量の変化分 Δq で割ったもので，

図 4-9 収入曲線と総費用曲線

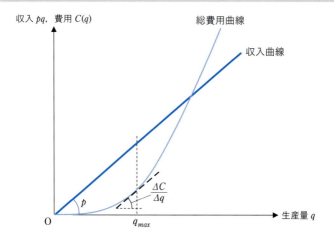

$$MC = \frac{\Delta C}{\Delta q}$$

と求められます。

図 4-9 は横軸に生産量，縦軸に収入と費用をとって，企業の収入曲線と総費用曲線を表したものです。図からわかるように，利潤は収入曲線と総費用曲線の間の距離が最大になるときに最も大きくなります。これは，収入曲線の傾き p と総費用曲線の傾きが等しくなるときに達成されます。総費用曲線の傾きは $\Delta C/\Delta q$ ですが，これは限界費用に他なりません。

> ◎ **Point4.3**
> 利潤を最大化する生産量は価格と限界費用が一致するように決定される。

このように企業の利潤を最大化する生産量は生産物価格と限界費用が等しくなるように決定されます。この生産量を達成するように費用最小化問題を解

くことで，企業の利潤を最大化する労働と資本の投入量を求めることができます。

4.6 市場の労働需要曲線

さて，企業の利潤最大化問題より，個別企業の労働需要曲線がどのように導出されるかがわかりました。次に市場全体の労働需要曲線を求めてみましょう。市場全体の労働需要曲線は個々の企業の需要曲線を合計して導くことができます。

第3章で，労働市場の労働供給曲線は個人の労働供給関数をヨコ方向に足すことで求められることを学びました。労働市場の需要関数も同じように求めたいところですが，そうはいきません。例を使って説明しましょう。

今，労働市場にはA社とB社という2つの企業が存在しているとします。単純化のために，各社の労働需要曲線は同じであるとします。各社とも時給2000円では，30人雇用するのに対して，時給1000円では50人雇用しようとします。図4-10(a)には個々の企業の労働需要曲線が描かれています。仮に，2社の労働需要曲線を水平方向に足し上げると，図4-10(b)の直線L_Dが得られます。直線L_Dは時給が2000円のときには労働需要は60人，時給が1000円のときには労働需要は100人となっています。これは労働市場の労働需要曲線ではありません。なぜなら，直線L_Dは生産物の価格が変わらないという仮定のもとに導出されたものだからです。

今，賃金が時給2000円から1000円に下がったとすると，各企業は雇用を30人から50人に増やします。労働量の増加は生産量を増やすため，その結果として生産物の価格が低下します。生産物価格の低下は労働需要曲線を左下方向にシフトさせるので，企業の雇用量は最終的には50人とはならず，それよりも少ない40人となるとします。その結果，市場では雇用量は60人

図 4-10　企業と市場の労働需要曲線

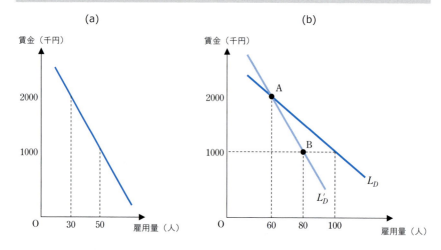

から 80 人に増えることになり，市場の労働需要曲線は点 A と点 B を結んだ直線 L'_D となります。

■ 4.7　労働需要の弾力性

労働需要の（賃金）弾力性は賃金の変化に対して労働需要量がどの程度変化するかを測る指標です。労働需要の弾力性は労働量の変化率と賃金の変化率の比として定義されます。

$$労働需要の弾力性\ \sigma = \frac{\Delta L/L}{\Delta w/w} = \frac{\Delta L}{\Delta w}\frac{w}{L}$$

ここで，ΔL は労働量の変化分，Δw は賃金の変化分を表しています。
　労働需要の弾力性は賃金が 1％ 変化した際に，労働需要が何％変化するか

を表しています。また，労働需要曲線は右下がりなので，労働需要の弾力性の符号はマイナスになります。

労働需要の弾力性は短期と長期，また，個々の企業と市場全体とで異なります。長期では，企業は労働のみならず資本の需要量も変化させることができるので，長期の労働需要曲線は短期の労働需要曲線よりもその傾きが緩やかになります。これは，短期と比較して長期では賃金の変化に対して，労働需要量がより大きく反応することを意味します。言い換えれば，労働需要の弾力性が高くなります。また，図 4-10 からもわかるように，市場全体の労働需要は企業の労働需要よりも非弾力的となります。

■コラム　ロボットは人間の仕事を奪うのか？

人工知能やロボットの発達が人々の雇用を脅かし，「技術的失業」が増加するのではないかと懸念されています。技術革新が雇用に与える影響はこれまでも議論がされ続けてきた古くて新しい問題です。18 世紀末の産業革命によって人が機械に置き換えられ始めて以来，技術進歩は仕事の性質を変化させてきました。例えば，1970 年以降のオートメーションの発達によって，銀行の窓口係の仕事は ATM に，航空会社のフロント係は自動チェックイン機に取って代わられるようになりました。また，最近ではこれまで人間にしかできないと思われていた仕事もロボットに取って代わられようとしているといわれています。例えば，自動車の運転です。まだ実用段階には至っていませんが，グーグルは無人自動車を開発し，実際に公道を走るに至っています。機械による自動車の走行が可能になれば，トラックドライバーやタクシードライバー等の労働需要が大きく減少する可能性があります。とはいえ，技術革新により誰かが失業するたびに，経済では新たな産業において雇用が生み出されてきたのも事実です。

技術進歩が失業に与える影響については，経済学においてこれまで多くの研究がなされてきましたが，いまだに共通見解は見出されていません。経済理論では，技術進歩は雇用に相反する 2 つの効果を持つことが知られています。ひとつは「創造的破壊効果」と呼ばれるもので，技術進歩は失業を増加させます。新技術の導入は旧技術の陳腐化をもたらすため，旧技術を用いる企業は儲からなくなります。その結果，その企業で働いていた労働者が失業するという考え方です。もうひとつは「資本化効果」と呼ばれるもので，技術進歩は失業を減少させるというものです。これは新技術が企業の生産性を高め労働需要を増やすことで，失業を減少させるという考えです。

このように，理論上は技術進歩が雇用を増やし失業を減らすかどうかは，創造的破壊効果と資本化効果のどちらが大きいかに依存します。では，実際に技術進歩は失業にどのような影響を与えるのでしょうか？　技術進歩を測るものとして生産性の成長率を使用した場合，生産性成長率と失業の間にどのような関係が観察されるかについてはまだ多

くの議論の余地が残されているものの，最近の実証研究を踏まえると両者に正の相関関係を見出すことは難しいといえます。

◆Review Exercises
1. 労働需要が生産の派生需要とはどういうことか説明しなさい。
2. 短期と長期の違いは何かを説明しなさい。
3. 短期の労働需要関数が右下がりになる理由を説明しなさい。
4. 利潤最大化を目的とする企業がどのように最適な雇用量を選ぶのかを説明しなさい。

第 5 章

失 業

■ **Introduction**

　職を失うことはきわめて深刻な問題です。多くの人にとって働いて収入を得ることは生活の根幹であり，職を失うことは生活水準の低下や精神的な苦痛をもたらします。また，失業とは就業する意思と能力のある人が生産活動に参加していないため，労働資源が十分に活かされていないことを意味します。それゆえ，一国の経済において雇用を確保することは最も重要な政策課題です。経済学では失業の原因を探り，適切な政策を行うために，失業の研究が行われています。この章では失業について学ぶことにしましょう。

　失業は経済に関わる諸問題の中でも最も重要なもののひとつです。失業者は「仕事についておらず，仕事があればすぐにつくことができる者で，仕事を探す活動をしていた者」です。つまり，失業は働く意思と能力のある人が生産活動に参加していないため，労働資源が十分に活かされていないことを意味します。また，失業は個人の生活に直撃する深刻な問題でもあります。多くの人にとって，職を失うことは生活水準の低下のみならず，精神的な苦痛ももたらします。それゆえに，失業問題は政策論争の場でも頻繁にとりあげられます。

　経済政策運営の最大目標のひとつとして雇用の最大化があげられます。例えば，米国の中央銀行である連邦準備銀行はその目的に物価の安定と雇用の最大化を掲げています。失業は現実がその目標からどれだけ乖離しているかを端的に表しています。それゆえ，失業は経済のパフォーマンスを測る指標として最も重要なもののひとつとして認識されています。適切な経済政策運

営を進めるために，経済学では失業構造の実態や，失業が生じる背景・要因の分析・解明が行われています。本章では失業について詳しく学ぶことにしましょう。

■ 5.1　失業のタイプ

　失業はその発生原因によって自然失業と循環的失業の2つに分けられます。自然失業とは景気の良し悪しとは関係なく，労働市場での労働者や企業の動きの中で必然的に発生する失業です。労働市場では常に労働者や企業に動きがあります。新たに社会人になる人もいれば，定年退職を迎える人もいます。また，会社の倒産で失業者になる人もいれば，新規に求人を出す企業も毎日のように現れます。このような労働市場の動きの中で発生する失業を自然失業，またその割合を自然失業率と呼びます。自然失業は市場メカニズムだけでは解消されないので，長期的に存在し続けます。つまり，自然失業率とは経済の長期平均的な失業率ということができます。

　もうひとつの種類の失業は景気の変動によるものです。景気が悪くなると失業は増加し，景気が良くなると失業は減少する傾向にあります。このように景気の変動により生じる失業は循環的失業と呼ばれます。景気が悪くなると，モノやサービスが売れなくなるため，多くの企業は生産を減らします。これは，モノやサービスの生産に必要となる労働力が減ることを意味します。企業は新規に雇う人を抑制したり，従業員を解雇，あるいは早期退職などによってコストをカットしようとします。その結果，失業が増加します。循環的失業は失業と自然失業の差として求めることができます。

> ◎ Point5.1
> 失業はその発生原因により自然失業と循環的失業に大別される。

失業を分類することは雇用政策を適切に行うために重要です。失業が循環的なものであれば，財政・金融政策などのマクロ経済政策が有効となりますが，失業が自然失業であれば失業者のスキルアップを図る政策や職業紹介機能の強化など失業者と企業のマッチングを促す政策などが必要となります（詳しくは第13章に後述します）。

■ 5.2　自然失業率の決定

自然失業率はどのように決まるのでしょうか？ 自然失業率の決定要因を調べるために，就業者 E と失業者 U から成り立つ世界を考えることにします。就業者と失業者の合計は労働力人口 L と等しいので

$$E + U = L$$

という式が成り立ちます。ここで単純化のため，労働力人口は一定，また，非労働力人口は無視することにします。失業率 u は労働力人口に占める失業者の割合なので，

$$u = \frac{U}{L}$$

となります。

失業を分析するには人々が労働市場内をどのように移動しているかを理解する必要があります。図 5-1 に示されているように，労働者は失業状態と就業状態を移行します。仕事を見つければ失業者は就業者になり，職を失えば就業者は失業者になります。失業者の中である一定期間（例えば1ヶ月間）に就職する人の割合を就職率 f といいます。また，就業者の中である一定期間に離職する人の割合を離職率 s といいます。

図 5-1 失業者と就業者の移行

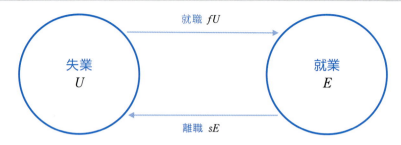

　自然失業率は長期的に成立する失業率であり，経済の短期的な変動には左右されません。今，労働力人口は一定であると仮定しているので，失業者数がある値から動かなければ，失業率も同じ値をとり続けることになります。失業者数が変化しない状態では，就職する人の数と離職する人の数が等しくなります。つまり，

$$fU = sE \tag{5.1}$$

が成立しているときに失業者数は一定となります。このように失業者数が変化しないとき，労働市場は定常状態にあるといいます。

　定常状態における失業率を求めてみましょう。就業者数は労働力人口から失業者数を引いたものなので，(5.1) 式は次のように書き換えることができます。

$$fU = s(L - U)$$

両辺を労働力人口 L で割ると

$$fu = s(1 - u)$$

が得られます。さらに，この式を失業率 u について解くと次式が得られます。

$$u = \frac{s}{s+f} \tag{5.2}$$

これが失業率の長期水準，つまり，自然失業率です。自然失業率は就職率 f

と離職率 s に依存していることがわかります。就職率 f が高くなると自然失業率は低下し，離職率 s が高くなると自然失業率は上昇することになります。

数値例を見てみましょう。毎月，失業者の 14％ が就職し，就業者の 0.4％ が離職するケースを考えましょう。つまり，$f = 0.14$，$s = 0.004$ となります。この時，定常状態における失業率は

$$u = \frac{0.004}{0.004 + 0.14} = 0.0277$$

となります。

自然失業率を決定する（5.2）式から 2 つの重要なインプリケーションが得られます。第一に，経済政策によって自然失業率の低下を目指す場合，その政策は就職率を高めるか，離職率を低くするか，あるいはその両方を達成する必要があります。また，就職率や離職率を変化させる政策は自然失業率も変化させます。第二に，失業率をゼロにするためには，就職率が無限大になるか，離職率がゼロになる必要があります。就職率が無限大になるということは，失業者が瞬時に仕事を見つけることができるということです。逆に考えると，職探しが容易でないからこそ，現実の失業率はゼロにはならないということです。ではなぜ失業者は簡単に仕事に就くことができないのでしょうか？ この疑問に答えるために，次に失業の根本原因について調べることにしましょう。

■ 5.3　摩擦的失業と構造的失業

失業の原因のひとつに職探しには時間がかかるということがあります。労働者の仕事に対する嗜好や能力はそれぞれ異なっています。また，仕事口もそれぞれ異なった特徴を持っています。給料の高い仕事もあれば低い仕事もあります。また，頭脳労働を必要とする仕事もあれば肉体労働を必要とする

仕事もあります。求職者は新聞，雑誌，インターネットなどで求人情報を集め，自分の能力が活かせて待遇が良い職場を探そうとしますが，自分の特性に合った仕事口を探すのには時間がかかります。また，働きたいと思う仕事口が見つかったとしても，採用までには書類選考や面接などやはり時間がかかり，どうしても一定期間の失業が発生します。このように，職探しに時間がかかることによる失業を摩擦的失業といいます。

また，求職者が職種やスキル，勤務地など条件面で求人と折り合わないことでも失業は発生します。求人企業が希望する要件と求職者が持っている資質が上手く合致しない場合には，この求職者は仕事に就くことができません。また，仕事口が存在する場所と失業者が住んでいる場所が違う場合も，仕事口と失業者のマッチングが成立するのは難しくなります。このように雇用主が労働者に求める技能・経験や勤務地といった特性と求職者の持つ特性がずれることによって生じる失業を構造的失業といいます。

一般に，摩擦的失業に比べ，構造的失業の方がより大きな問題だとされています。というのは，摩擦的失業は求職者が自分の能力を活かせ，良い待遇を得られる職場を探すための時間を反映しているのに対して，構造的失業は求人と求職のミスマッチを反映しているからです。失業期間については，構造的失業の方が摩擦的失業よりも長くなる傾向にあります。なお，データ上，摩擦的失業と構造的失業を明確に区別することは難しいため，通常は両者をあわせて摩擦的・構造的失業，あるいはミスマッチ失業などと呼びます。

多くの雇用政策は摩擦的失業や構造的失業を減らすことで，自然失業率を下げようとします。例えば，ハローワーク（公共職業安定所）は職業紹介や就職支援サービスを通じて求人と求職者のマッチングを促進します。また，国や地方自治体は求職者が早期に就職できるように，就職に必要な技能や知識を身につけるための公共職業訓練を提供していますが，これらの施設やプログラムは就職率を高めることにより，自然失業率を低下させることになります。

5.4 ベバリッジ曲線

　第2章で学んだ労働市場の需要・供給モデルでは，労働者，企業のどちらも全て同質的で情報も完全であると仮定していました。この場合，労働供給が労働需要を上回れば失業だけが存在し，逆に労働需要が労働供給を上回れば欠員（埋まっていない求人）だけが存在することになります。さらに，賃金が伸縮的であれば，労働需要と労働供給が一致し，均衡では失業は存在しないことになります。しかしながら，現実の労働市場では失業と欠員が共存しています。

　失業と欠員の共存を捉えるものにベバリッジ曲線あるいは UV 曲線と呼ばれるものがあります（U は失業を意味する unemployment，V は欠員を意味する vacancy の頭文字をとったものです）。横軸に失業率，縦軸に欠員率をとると，多くの国で両者には右下がりの関係が得られることが知られており，この関係を表したものがベバリッジ曲線です。

　右下がりのベバリッジ曲線は失業率と欠員率の間には負の関係があることを示しています。ベバリッジ曲線を理論的に説明するものとしてサーチ・マッチングモデル（第7章で詳しく説明します）があります。このモデルは失業率と欠員率の間に観察される負の関係を次のように説明します。企業が何らかの理由で求人（欠員）を増やしたとすると，求人の増加により，求職者は仕事口を見つけやすくなるので，就職率が高まります。その結果，失業率が低下し，失業率と欠員率に間に負の関係が発生します。

　ベバリッジ曲線はその位置を経済状況に応じて変化させます。例えば，技術の進歩や産業構造の変化は，ある産業では求人を増やす一方，別の産業では失業を増やすかもしれません。この時，失業率と欠員率が同時に高くなるため，ベバリッジ曲線は外側にシフトすることになります。

　ベバリッジ曲線をシフトさせる要因は他にもあります。例えば，失業保険

図 5-2 ベバリッジ曲線

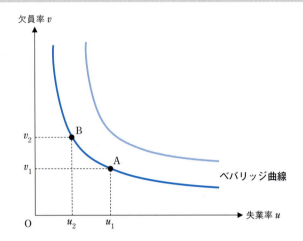

給付の拡大はベバリッジ曲線を外側にシフトさせる可能性があります。失業給付の拡大は失業者の財務状況を改善するため、求職意欲を低下させる可能性があります。この時、与えられた求人数のもとで失業者が増えるため、ベバリッジ曲線は外側にシフトすることになります。

ベバリッジ曲線の外側へのシフトは失業率と欠員率の両方を高めるため、ミスマッチが増加したと考えることができます。逆に、ベバリッジ曲線の内側へのシフトは失業率と欠員率の両方を低くするので、マッチングの効率性が高まりミスマッチが低下したと判断できます。

また、ベバリッジ曲線上での失業率と欠員率の動きは景気変動によるものと考えることができます。今、経済が図 5-2 の点 A にあるとします。この時、失業率は u_1、欠員率は v_1 です。今、経済が点 B に移動したとします。点 A と点 B は同じベバリッジ曲線上にあることに注意してください。欠員率が v_1 から v_2 に増えると同時に、失業率は u_1 から u_2 に低下しています。このように求人が増えたことで失業率が低下するような場合、それは景気が良くなり雇用が改善されたと考えることができます。

日本におけるベバリッジ曲線を見てみましょう。図 5-3 は 1970 年から

図 5-3　日本のベバリッジ曲線

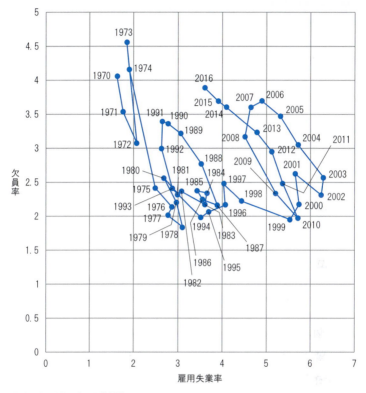

出所：労働政策研究・研修機構

2016年の失業率と欠員率をプロットしたものです。図から実際の失業率と欠員率の関係は決して一本のきれいな右下がりの曲線では表されないことがわかります。ただし、いくつかの期間に分けてみると、失業率と欠員率の軌跡は右下がりの曲線を描いていることがわかります。1970年代には失業率が低い水準で右下がりのベバリッジ曲線が観察されます。80年代後半からバブル景気の中で、欠員率が上昇する中、失業率が低下しますが、90年代前半にはバブル崩壊による不況の中、欠員率の低下と失業率の上昇が観察されます。

5.4　ベバリッジ曲線　● 93

このように欠員率と失業率の組み合わせがベバリッジ曲線の周りを反時計回りに動くのは景気変動の特徴です。90年代半ばから2000年代前半にかけては，欠員率があまり動かない中，失業率が上昇しており，ベバリッジ曲線が上方にシフトしています。そして，2008年のリーマン・ショックを契機とする世界同時不況，その後の景気回復期においては欠員率と失業率の反時計回りの動きが観察されます。

5.5　UV分析

　ベバリッジ曲線を用いた失業の分析手法にUV分析があります。UV分析はベバリッジ曲線から失業率を摩擦的・構造的失業率と循環的失業率に分解し，その動向を分析しようとするものです。

　UV分析ではベバリッジ曲線と45度線の交点が摩擦的・構造的失業率を表していると考えます。図5-4で示されているように，ベバリッジ曲線と45度線の交点では失業率と欠員率が等しくなります。失業率と欠員率が同じということは，総量としての労働需要と労働供給は一致していると考えることができます。そこで，UV分析ではこの時の失業率を摩擦的・構造的失業率とし，実際の失業率から摩擦的・構造的失業率を引いたものを循環的失業率とみなします。

　失業をその発生原因によって循環的失業と摩擦的・構造的失業に分けて考えることは，雇用情勢や労働需給のミスマッチの状況を判断する上で有益です。また，政策的にも重要な含意を持ちます。例えば，失業率が上昇しているとき，それが景気低迷によるものであれば，企業の生産するモノやサービスの需要を回復させること，つまり景気対策が失業対策となります。これに対して，景気要因以外で失業率が上がっているのであれば，労働市場の構造を改善する政策が必要となってきます。

図 5-4　UV分析

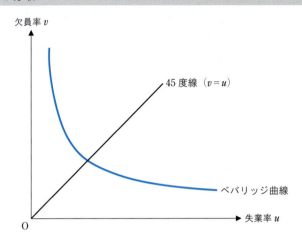

図 5-5　失業者の分解

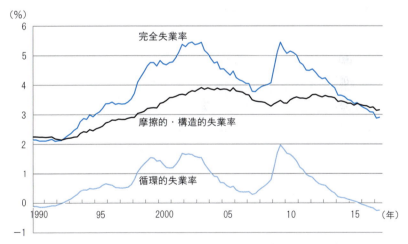

出所：労働政策研究・研修機構

　このような理由から UV 分析を用いて実際の失業率を循環的失業率と摩擦的・構造的失業率に分解する研究が「労働経済白書」や「経済財政白書」等でも行われています。図 5-5 は UV 分析を用いて実際の失業率を摩擦的・構

5.5　UV分析　●95

造的失業率と循環的失業率に分けたものです。2015年の後半から循環的失業率はマイナスになっています。これは労働市場の需給バランスは十分に改善されており，現在の失業の大部分はミスマッチによるものということを意味しています。

ただし，実際の失業率は必ずしも循環的失業率と摩擦的・構造的失業率のいずれかに分類されるわけではないので，UV分析を用いる際には注意が必要です。というのは，摩擦的・構造的失業率も少なからず景気変動の影響を受けるからです。例えば，景気悪化に伴い労働需要が低下し，失業が発生したケースを考えてみましょう。この失業は景気変動により引き起こされたものという点では循環的失業となります。仮に，これらの失業者が長期間，職に就けなかったとします。失業の長期化は労働者のスキルを低下させ，企業の求人ニーズとの間でミスマッチを生じさせる可能性があります。つまり，景気変動を契機に，労働需給の不一致が持続してミスマッチ失業が発生することがあります。これは循環的失業とミスマッチ失業が本来不可分でないことを意味しています。

5.6 フィリップス曲線

経済のパフォーマンスを表す指標として常に注目されるものに失業率とインフレ率があげられます。ここでは失業率とインフレ率の関係を解説することにします。

失業率とインフレ率の間には短期的に負の関係があります。図5-6に示されるように，横軸に失業率，縦軸にインフレ率をとると，両者の関係は（短期の）フィリップス曲線と呼ばれる右下がりの曲線で表されます。この曲線の名前は，1950年代に経済学者のA・W・フィリップスが英国の長期にわたるデータから失業率と賃金上昇率（インフレの程度を表す）の間に負の相関

図 5-6 短期フィリップス曲線

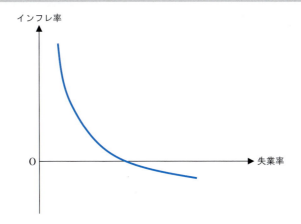

関係があることを発見したことに由来しています。

　短期のフィリップス曲線は失業率が高いときにはインフレ率が低く，失業率が低いときにはインフレ率が高くなることを意味しています。なぜ，失業率とインフレ率の間にはこのような負の関係が生じるのでしょうか？ その答えは総需要と失業率およびインフレ率の関係から考えることができます。総需要が高い水準にあるときには，企業は生産を拡大するために雇用を増やすので失業率が低くなります。一方，総需要の増加は経済全体に価格の上昇圧力をもたらすためインフレ率は高くなります。結果として，低失業と高インフレが同時に発生します。

　右下がりのフィリップス曲線は政策立案者がマクロ経済政策の目標である「失業の低下」と「インフレの低下」を同時に達成できないことを意味しています。失業率を下げようとすれば，高いインフレ率を受け入れなくてはならず，また，インフレを低く抑えようとすると，失業率が高まってしまうということです。

　このような失業率とインフレ率の負の関係は安定的なのでしょうか？ 経済学者の多くは長期において失業率とインフレ率の負の関係は存在しないと

図 5-7　長期フィリップス曲線

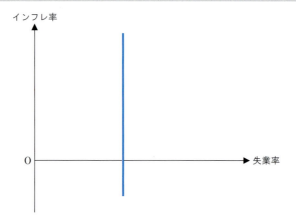

考えています。ノーベル経済学賞を受賞したミルトン・フリードマンはインフレ率の水準とは関係なく，長期的に失業率は自然失業率に落ち着くと説いています。これは長期的にはフィリップス曲線が垂直になることを意味しています。この様子を表したものが図 5-7 です。垂直なフィリップス曲線は，長期では貨幣供給の変化（価格の変化につながる）が生産量や雇用量といった経済の実質変数に影響を及ぼさないとする貨幣の中立性という考え方を示したものになっています。

> ◎ Point5.2
> 失業率とインフレ率の関係を表すものがフィリップス曲線である。フィリップス曲線は短期的には失業率とインフレ率にトレードオフがあることを表しているが，長期的にはインフレ率とは関係がなく失業率は自然失業率と等しくなることを表している。

　失業率とインフレ率のトレードオフの関係を示す右下がりのフィリップス曲線は短期においてのみ成立し，長期ではフィリップス曲線が垂直になるの

図 5-8　期待インフレ率とフィリップス曲線の関係

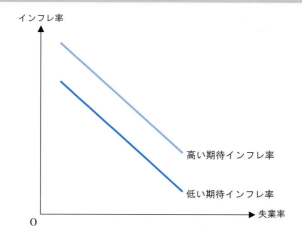

を理解する鍵は期待インフレ率です。期待インフレ率とは人々が予想する将来の物価上昇率のことをいいます。

短期では期待インフレ率は変化しませんが，長期では人々はどのようなインフレ率が実現されるかを予想できるので，実際のインフレ率と期待インフレ率は等しくなります。

フィリップス曲線は次の方程式で表すことができます。

$$\text{インフレ率} = \text{期待インフレ率} - \beta \times (\text{失業率} - \text{自然失業率})$$

ここで $\beta > 0$ はインフレ率が実際の失業率と自然失業率の差（つまり循環的失業率）にどの程度反応するかを示すパラメータです。他の条件が等しければ，失業率の上昇はインフレ率を低下させます。ここで重要なのは，短期において期待インフレ率は与えられたものであるということです。期待インフレ率の変化はフィリップス曲線をシフトさせます。図 5-8 に示されているように期待インフレ率が高くなると，フィリップス曲線は上方にシフトします。

図 5-9 の点 A で表されるように，失業率が自然失業率 u^* に等しく，実際のインフレ率と期待インフレ率が π_1 である経済を考えましょう。今，実際

図 5-9 短期と長期のフィリップス曲線

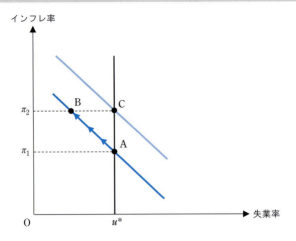

のインフレ率が π_2 に上昇したとします。短期では、期待インフレ率は変化しないので、インフレ率の上昇により失業率は低下して経済は点 B に移動します。この状況は期待インフレ率が π_1 に等しい限り続きます。しかしながら、時間が経つにつれて、人々はこの高いインフレ率に馴染んでくるため、彼らの期待インフレ率は徐々に π_2 に近づくように修正されていきます。そうなると短期フィリップス曲線は上方にシフトすることになります。この結果、失業率は上昇し、最終的には経済は点 C に落ち着くことになります。このように長期的には期待インフレ率が変化することで、失業率は自然失業率の水準に落ち着くことになります。

実際のフィリップ曲線を見てみましょう。図 5-10 は日本における 1971 年から 2015 年の失業率とインフレ率の関係を示したものです。ここでインフレ率は消費者物価指数の前年比として計算しています。図からわかるように 1970 年代前半にはフィリップス曲線は垂直に近い形でしたが、70 年代半ばから 90 年代初頭までは右下がりの関係が観察されています。また、その後、デフレの進行と経済低迷によりフィリップス曲線はフラットになっていることがわかります。

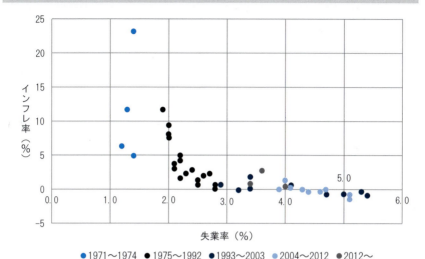

図 5-10　日本のフィリップス曲線（1971-2015）

出所：総務省統計局「労働力調査」，総務省統計局「消費者物価指数」から作成。

5.7　オークンの法則

　労働は生産の派生需要であるため，雇用問題を考える際には，労働市場だけに焦点を当てるのではなく，財・サービス市場との関連を考えることが重要です。労働市場と財・サービス市場の代表的な変数である失業率と実質GDPの間にはどのような関係があるのでしょうか？

　財・サービスの生産量は就業者数に依存します。逆に，失業者は財・サービスの生産には貢献しないので，失業の減少と実質GDPの増加は同時に発生すると考えるのが自然です。経済学者のアーサー・オークンは米国において失業率1%の減少は実質GDP3%の引き上げに相当するという関係を発見しました。このような失業率と実質GDPの間に観察される負の相関関

図 5-11 日本における実質 GDP と失業率の関係

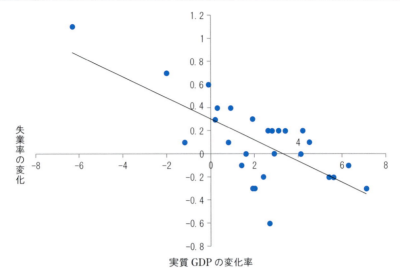

出所：総務省統計局「労働力調査」，内閣府「国民経済計算」より作成。

係を発見者の名前をとって**オークンの法則**といいます。オークンの法則は米国のみならず他の国でも成立することが知られています。

> ◎ **Point5.3**
> オークンの法則とは失業率と実質 GDP との間に観察される負の相関関係のことである。

図 5-11 は日本の年次データを用いて実質 GDP の変化率と失業率の変化を示したものです。両者には負の関係があり，日本でオークンの法則が成立していることがわかります。オークンの法則は次のように定式化することができます。

$$失業率の変化 = a + b \times 実質 GDP 変化率$$

ここで a と b はパラメータであり，データから推定されます。

実際に 1981 年から 2009 年までのデータを用いて上の式を推定すると

$$失業率の変化 = 0.3 - 0.09 \times 実質 GDP 変化率$$

となります。この結果は，実質 GDP 成長率が 1 ポイント上昇すると，失業率がほぼ 0.1 ポイント低下することを意味しています。オークンの法則の「−0.09」という係数は推定値であり，推定期間やオークンの法則の定式化の仕方などによって異なるため注意が必要です。ただし，重要なのは<u>オークンの法則の係数の推定値（絶対値）は 1 よりもかなり小さくなる傾向がある</u>ということです。これが意味することは，生産量の変化と失業率の変化が 1 対 1 の関係にはならず，むしろ失業率の変化は生産量の変化よりも小さいということです。

生産量の変化と失業率の変化が 1 対 1 未満になることの理由としては<u>労働保蔵</u>がよく知られています。労働保蔵とは<u>企業が労働者を雇用したまま，完全に利用しないこと</u>です。労働者の雇用にはその採用や訓練に費用がかかるため，短期的に需要が停滞して生産活動が低下したとしても企業はすぐに労働者を解雇しようとはしません。なぜなら，もし労働者を解雇したら，再び需要が上昇した場合，新規採用や訓練に費用がかかるからです。このように企業はその労働を保蔵する傾向があるため，失業率の上昇は産出量の減少に比べて小さくなります。

なお，労働保蔵は景気変動と労働市場の関係を考える際にも重要です。不況期に企業は労働保蔵により余分な雇用者を抱えるため，景気が良くなり始めたときに需要が増えれば生産は早く回復するものの，賃上げは遅くなる傾向があります。

■**コラム　ヨーロッパの若年失業**

世界金融危機後，欧州では失業が急増しました。特に若年失業率が大きく上昇し，社会問題となっています。図は欧州諸国の若年失業率の推移を示したものです。危機前の 2007 年には欧州各国の平均若年失業率は 15.9% でしたが，2013 年には 23.7% まで上昇しました。2013 年に若年失業率が最も高かったのはギリシャでその水準は 58% でし

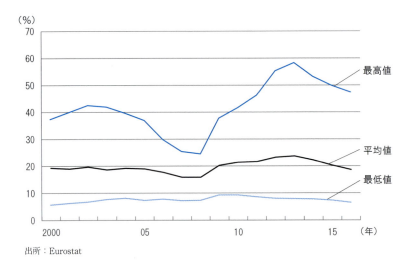

出所：Eurostat

た。

　最近の研究から，危機後の失業率の上昇の大部分が経済活動の停滞によって説明できることがわかっています。また，本章で学んだオークンの法則を使用した分析によると，若年の失業率は中高年の失業率の3倍近く景気に感応的であることも明らかにされています。これは若年の失業率の上昇に対しては総需要を刺激するマクロ経済政策が重要であることを意味しています。また，多くの欧州諸国で，若年失業率のレベルが高いのは景気要因に加えて，労働市場の制度・政策がその原因だとされています。失業率のレベルを下げるためには，マクロ経済政策に加えて，より包括的な労働市場政策が必要となります。

◆Review Exercises

1. 自然失業率を決定するものは何かを説明しなさい。
2. 循環的失業，摩擦的・構造的失業とは何かを説明しなさい。また，失業を循環的失業と摩擦的・構造的失業に分けるメリットとその問題点を述べなさい。
3. 就職率が50%，離職率が3%のときの自然失業率を計算しなさい。
4. フィリップス曲線が短期では右下がりになるのに対して，長期では垂直になる理由を説明しなさい。
5. 高失業を解消するためにはどのような政策が有効となるのかを論じなさい。

第 6 章

失業の理論

■ Introduction

前章では失業がその発生原因から自然失業と循環的失業に分けられること，また，失業とマクロ経済変数（GDPやインフレ率）間にどのような関係が観察されるのかを説明しました。ところで，そもそも失業はなぜ，発生するのでしょうか？ 失業の発生原因は大きく分けて2つあります。賃金の硬直性と情報の不完全性です。本章では失業を説明する理論を紹介します。

　本章では失業の理論を学びます。労働市場の需要・供給モデルによれば，賃金が伸縮的に動く場合，労働需要と労働供給が一致し，均衡において失業は存在しないことになります。しかしながら，現実には働く意欲のある人が全て就業しているわけではありません。失業はどのように説明されるのでしょうか？ ここでは失業を説明するのに有益な理論をいくつか解説します。

　失業の発生原因は大きく分けて2つあります。ひとつは賃金の硬直性です。もし労働供給が労働需要を超過するような水準で賃金が高止まると，失業が発生します。もうひとつは情報の不完全性です。労働市場の需要・供給モデルでは労働者と企業はそれぞれ全て同質的で情報も完全であると仮定していましたが，現実は違います。労働者はどこにどのような仕事があるのかを完全には知りません。そのため，仕事を見つけるのに時間がかかり，失業状態に陥ることがあります。以下，これらを詳しく見ることにしましょう。

■ 6.1 賃金の硬直性

　失業の原因として賃金の硬直性があげられます。図 6-1 が示すように，失業は労働供給が労働需要を上回っているときに発生します。第 2 章で学んだ労働市場の需要・供給分析では，賃金が労働需給を均衡させるように伸縮的に変化すると想定していました。しかしながら，現実では賃金はそれほど伸縮的ではなく，しばしば高い水準にとどまってしまうことがあります。

　なぜ賃金が均衡水準に比べて高止まりしてしまうのでしょうか？　労働供給が労働需要を上回っているのであれば，企業が支払う賃金を引き下げてもいいはずです。企業が賃金を引き下げない理由として，最低賃金制度，労働組合の賃金引上げ効果，効率賃金仮説の 3 つが考えられます。以下，順に紹介します。

図 6-1　硬直的賃金と失業

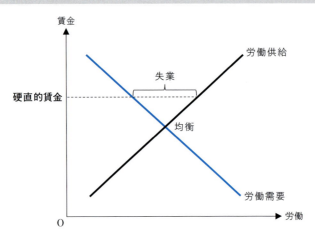

● 最低賃金制度

　労働供給が超過しているにも関わらず，実際の賃金が均衡賃金よりも高くなる原因のひとつとして最低賃金制度があげられます。最低賃金制度は，使用者が労働者に支払わなければならない賃金の最低額を定めたものです。

　最低賃金制度は不当な低賃金での雇用を防ぎ，労働者を守るためのものです。市場メカニズムに任せていると，労働サービスの対価である賃金が生活を維持できなくなるほど低くなる可能性があります。例えば，労働供給が過剰なときには賃金が極端に低くなることが考えられます。通常の財・サービスであれば，価格が低くなれば企業の倒産や市場からの退出によってその供給量が減少し，再び価格が上昇するという市場メカニズムが働きますが，労働市場ではそうはいきません。労働市場での商品は労働サービスであり，その提供者は生活を維持しなければなりません。賃金が下がったからといって，簡単に働くのをやめるわけにはいきません。そこで，生活を維持するために最低限の賃金を保証する必要が出てきます。

　最低賃金制度が労働市場に与える影響を分析してみましょう（図 6-2）。今，法律で最低賃金を w_{min} に定めたとします。最低賃金が均衡賃金よりも低い場合には最低賃金制度は市場に影響を与えません。しかしながら，最低賃金が均衡水準よりも高い場合には，最低賃金制度は市場に影響を与えることになります。

　図 6-2 に示されているように，最低賃金が均衡賃金を上回る場合には，雇用量が L^* から L_D に減少することになります。最低賃金のもとで働きたいと思っている人は L_S だけいるので，$L_S - L_D$ だけの人が失業することになります。最低賃金制度がなければ，労働の超過供給がある場合，市場メカニズムによって賃金が低下し，経済は均衡に向かうのですが，制度により賃金は w_{min} より低くはなれないので，失業は解消されません。

　なお，最低賃金によって雇用が減少するのは，労働市場が完全競争の場合の話です。市場が不完全競争の場合，最低賃金によって雇用が増えるというまったく逆の結論が出てくる可能性もあります。

図 6-2　最低賃金制度の影響

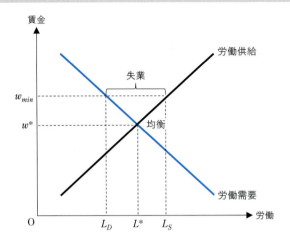

● 労働組合

賃金硬直性の第二の原因は労働組合による賃金引上げです。賃上げは労働組合の最重要課題です。図 6-3 は主要国における労働組合の組織率を示したものです。日本の組織率は近年，低下傾向にあり，2013 年には 17.8% となっています。組織率の低下は日本のみならず，他の主要国においても観察されていますが，ヨーロッパでは組織率は 7 割程度と労働組合はいまだに大きな存在です。

労働組合は組合員の賃金引上げを目標に企業と賃金交渉を行います。その結果，雇用者に支払われる賃金は労働市場の需給を一致させる賃金水準よりも高くなる可能性があります。労働組合と企業間の交渉によって決定される賃金が均衡賃金を上回った場合，雇用者数の決定は企業側に任せることが多いため，雇用者数が減少し，失業が増加することになります。

労働組合が雇用と賃金に与える影響を図で見てみましょう。図 6-4 に示されているように，労働組合が均衡賃金を上回る w_u の賃金を要求したとします。この場合，雇用量は L^* から L_D に減少し，$L_S - L_D$ の人が失業します。ただし，賃金の上昇により有効需要が増加したり，労働の生産性が上がるこ

図 6-3 労働組合組織率（2013 年）

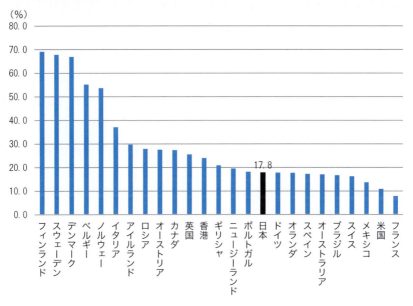

出所：ILO

図 6-4 労働組合が労働市場に与える影響

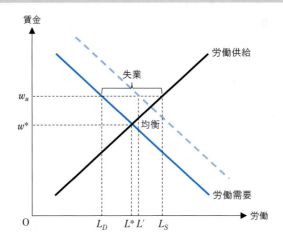

6.1 賃金の硬直性

とで，労働需要曲線が右にシフトする可能性もあります。需要曲線のシフトの大きさによっては雇用量（L'）がもとの水準よりも多くなる可能性もあります。

　労働組合がすでに雇用されている人たち（労働組合員）の賃金だけを目標にした場合，失業が発生する可能性があることを見ましたが，失業者の少なくとも一部は賃金が多少低くなっても働きたいと思っています。なぜ，そのような失業者がいるにもかかわらず，賃金水準が下がらないのでしょうか？これはインサイダー・アウトサイダー理論と呼ばれるものによって説明できます。

　インサイダーとはすでに雇用されている人，ここでは特に高い賃金を支払われている労働組合員のことをいいます。一方，アウトサイダーとは現在，失業中で職を探している人達です。アウトサイダーは職が得られるのであれば，低い賃金で雇われてもいいと考えていますが，インサイダーはすでに雇用されているため，自分が解雇されない限り，高い賃金を望みます。賃金交渉は企業とインサイダーによって行われるため，インサイダーの意向が強く反映され，アウトサイダーである失業者の賃金引下げ要求は無視されます。この結果，賃金は下がらず，失業も解消されないことになります。これは，アウトサイダーがインサイダーの高賃金の一部を肩代わりさせられていることを意味しています。

　インサイダー・アウトサイダー理論は，労働組合の力が強い欧州の高い失業率を説明するために考えられた理論です。ただし，労働組合の存在が必ずしも失業の発生原因とは限りません。企業がインサイダーの賃金を高く維持したまま，アウトサイダーを低い賃金で雇う場合には，失業は生じません。日本でよく見られるように，労働組合のメンバーを常用雇用に限定し，パートタイム労働者を異なる賃金で雇うのであれば，失業は生じません。また，最近では労働組合の目標が賃上げよりもむしろ雇用の安定に定められるようになってきており，失業の原因となるような極端な賃上げ要求は行われなくなっています。

● 効率賃金仮説

　賃金硬直性の第三の原因は効率賃金仮説によって説明されます。これまで最低賃金制度や労働組合といった制度的要因によって賃金が労働市場の需給を一致させる賃金水準を上回ってしまう可能性を見てきましたが，効率賃金仮説では企業の合理的な行動の結果として賃金が高い水準にとどまる可能性に注目します。

　効率賃金仮説のポイントは企業が高い賃金を支払うことで労働者の生産性を高められるということです。企業の生産水準は労働投入量に依存しますが，労働投入量には労働時間と労働者数に加え，労働の「効率」も含まれています。例えば，同じ労働時間，同じ労働者数であっても，労働者がまじめに仕事をしているか，それともサボっているかによって企業の生産水準は変わってきます。この例からもわかるように，企業にとって高い労働効率を得ることは大きな課題です。

　効率賃金仮説では賃金が労働効率に影響すると考えます。企業は賃金を引き下げることで人件費負担を軽くできますが，賃金の低下が労働効率を低下させてしまう場合，結果として企業の利益を損なう可能性があります。そこで，企業は利潤が最も大きくなるように賃金水準を選びます。この賃金は効率賃金と呼ばれます。効率賃金は労働市場の需給を一致させる賃金水準以上になることがあります。

　以下，効率賃金仮説を詳しく解説しましょう。この仮説では労働効率が実質賃金とともに高くなると考えます。労働効率を e，実質賃金を w で表すことにします。両者の関係は関数

$$e = e(w)$$

で表されるものとします。これを図示したのが図 6-5 です。労働効率は実質賃金の増加関数となっています。今，総労働時間を L とすると，労働投入量は1人当たりの労働効率に労働時間を掛けた $e(w)L$ となります。

　次に，企業の行動を考えましょう。企業は賃金が労働効率に影響すること

図 6-5 労働効率曲線

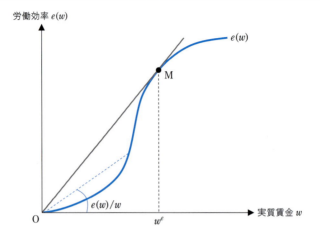

を考慮して賃金水準と雇用量を決定します。企業の生産関数は次のように与えられるとします。

$$Y = F(e(w)L)$$

ここで、Y は生産量、$e(w)L$ は効率単位で測った労働投入量です。なお、単純化のため資本ストックは無視しています。

第 4 章で学んだように、企業の目的は利潤最大化です。つまり、企業は利潤

$$\pi = F(e(w)L) - wL$$

を最大にするように w と L を決定します。効率賃金モデルでは、企業はまず最適な賃金水準を決定し、次にその賃金のもとで雇用量を決めます。

企業がどのように賃金を決定するかを考えましょう。賃金を引き上げると労働効率が上がりますが、同時に生産コストも増加します。そこで企業は賃金1単位当たりの労働効率 $e(w)/w$ が最大になるように賃金を決定します。図 6-5 に示されているように、$e(w)/w$ は効率曲線上の点と原点 O を結ぶ直線の傾きと等しくなります。この傾きは原点からの直線が効率曲線と接する

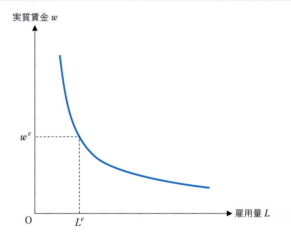

図 6-6 労働需要曲線

点，すなわち点 M で最大となります。つまり，企業は賃金水準を w^e に設定します。

賃金が決定したので，次は雇用量です。企業は労働の限界生産力が実質賃金と一致するように雇用量を決定します。つまり，企業は

$$MP_L = w \tag{6.1}$$

となるように雇用量を選択します。ここで，労働の限界生産性は $MP_L = e(w)MP_{e(w)L}$ となります。(6.1) 式は賃金 w と雇用量 L の関係を表しており，労働需要曲線と解釈できます。ここでは図 6-6 に示されているように労働需要曲線が右下がりになるような場合を考えます。効率賃金が w^e なので，労働需要曲線から最適な雇用量は L^e となります。

効率賃金仮説では均衡状態において失業が存在する可能性があります。図 6-7 では効率賃金 w^e が労働市場の需給を一致させる賃金 w^* よりも高くなっています。この時，労働需要量は L^e となり，超過労働供給，すなわち失業が発生します。しかしながら，企業は賃金を w^* まで下げようとはしません。なぜなら，w^e が企業の利潤を最大化する賃金水準であり，賃金を下げ

図 6-7 効率賃金と労働市場

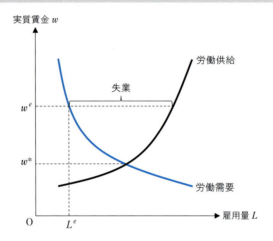

ることは利益を損なうからです。

> ◎ Point6.1
>
> 効率賃金仮説では企業が高賃金を支払うことで労働者の生産性を高めることができると考える。その結果，企業の利潤を最大化する賃金水準（効率賃金）が労働需給を一致させる賃金水準を上回ることがあり，失業が発生する。

　効率賃金仮説では企業が高賃金を支払うことによって労働者をより生産的にできると考えますが，そもそも賃金はどのように労働効率に影響するのでしょうか？　賃金水準が労働効率を左右する理由として，いくつかの仮説が存在しています。

　第一の仮説は，高賃金が労働者の労働意欲を高めるというものです。この仮説では企業は労働者の仕事ぶりを完全には監視できないと考え，また，労働者は自分でどの程度，真剣に仕事をするかを決めることができるとします。まじめに働くこともできるし，上司の目を盗んでサボることも可能です。た

だし，サボったことが見つかると解雇される危険性があるとします。この場合，企業は高い賃金を支払うことで労働者の怠業を抑止し，労働効率を高めることが可能となります。給料が高いほど，サボっていることが見つかり解雇されることの費用が高くなるので，労働者はまじめに働くようになるからです。このように，企業は高給を支払うことで労働効率を高めることができると考えます。

　第二の仮説は，企業が高給を支払うことで労働者の離職を防ぐことに注目します。労働者は様々な理由によって転職します。キャリアアップのために転職するかもしれないし，移住に伴い転職することもあります。給与水準も労働者の転職行動に大きな影響を与えます。他企業が高い給料を支払うのであれば，労働者はその企業への転職を考えるでしょう。労働者が会社を辞めると，新たに別の人材を雇う必要が生じますが，その場合，採用・訓練費用などが発生します。企業は高い賃金を支払うことで，その労働者が離職するインセンティブを弱めることができます。高賃金によって，離職率を低め，新規雇用や訓練にかかる時間や費用などを抑えることができるのです。

　第三の仮説は，高給は労働者の「質」を高めることができるというものです。この仮説では，労働者の質の平均的水準は企業が支払う賃金に依存すると考えます。賃金の引き下げは，有能な人材が他の企業に移る可能性を高めます。その結果，賃金を引き下げた企業には，生産性が低く，他に仕事が見つからないような労働者だけが残ってしまいます。逆に，均衡水準以上の賃金を支払うことで，企業はその労働者の質を高め，生産性を高く維持できます。

　第四の仮説は，高賃金と労働者の健康度の関係に注目します。高賃金を得ている労働者は栄養価が高い食事を取ることができるため，健康になり，結果として生産性が上昇するという仮説です。この仮説は開発途上国には適用されるかもしれませんが，先進国において賃金が高い水準にとどまる理由にはならないと考えられています。なぜなら，均衡水準の賃金で健康状態を良く保つことは十分に可能だからです。

■ 6.2 ジョブサーチ理論

　ここまで賃金の硬直性により失業が発生することを学んできましたが，失業の原因は他にもあります。職探しに時間がかかるというのも失業の原因のひとつです。

　現実の労働市場では情報は完全ではありません。労働者はどこにどのような仕事があるのかを完全には知りません。同様に，企業もどこにどのような労働者がいるのかを完全には知ることはできません。このように**情報の不完全性**が存在する場合，労働者や企業は時間やコストをかけて求職・求人活動を行います。求職・求人活動の観点から労働市場を分析する理論が**ジョブサーチ理論**です。ここでは労働者の仕事探し行動に着目したモデルを学びます。

　なお，労働者と企業の両方の職探し・労働者探し行動に着目したものに**サーチ・マッチングモデル**があります。サーチ・マッチングモデルについては第7章で詳しく解説します。

● 賃金の確率分布

　失業中で仕事を探している労働者を考えましょう。失業者には毎期，仕事のオファーがあるとします。仕事はその賃金によって特徴付けられるとし，賃金の高い仕事もあれば，賃金の低い仕事もあります。また，労働者は**賃金の確率分布**を知っているとします。

　賃金の確率分布とは何でしょうか？ 例で説明しましょう。ある労働者が毎期受け取るオファーはその賃金が100円刻みで時給800円から1600円の間に散らばっているとします。この様子をグラフにしたものが**図6-8**です。横軸には賃金，縦軸にはその賃金の仕事が得られる確率が示してあります。例えば，時給800円の仕事を提示される確率は0.06（6%の意味）となっています。全ての確率の合計は当然ながら1となります。賃金の確率分布がわ

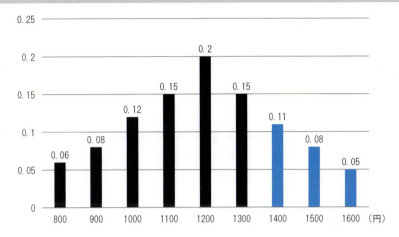

図 6-8 賃金の確率分布

かると、ある特定の水準以上の賃金を提示される確率が計算できます。例えば、時給 1400 円以上の仕事を提示される確率は、図 6-8 の青の領域となり、$0.11 + 0.08 + 0.05 = 0.24$（24%）となります。

労働者はどのように仕事を選ぶのでしょうか？ 労働者は<u>留保賃金</u>と呼ばれる賃金よりも高い賃金の仕事をオファーされるとそれを受け入れます。留保賃金は、<u>その賃金（オファー）を受け入れることの費用と利益が等しくなるような賃金</u>のことです。

● 価 値 関 数

ジョブサーチ理論では、労働者はその<u>期待生涯効用を最大化する</u>ように行動します。労働者は失業しているか、あるいは雇用されているかのどちらかです。労働者数を 1，失業率を u とします。労働者数が 1 なので，失業者数は u，雇用者数は $1-u$ となります。

ジョブサーチ理論では労働者が仕事に就くことの価値を<u>価値関数</u>と呼ばれるもので表します。雇用者の価値関数は現在就いている仕事で支払われる賃金に依存し，実質賃金 w の仕事に就くことの価値を $V^e(w)$ で表します。価値

6.2 ジョブサーチ理論 ● 117

図 6-9 雇用者と失業者の価値関数

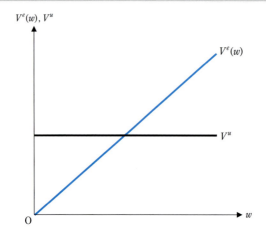

関数は実質賃金 w を受け取っている労働者の効用を表し，将来起こりうる出来事（例えば，失業）も考慮して計算されます。図 6-9 に示されているように，$V^e(w)$ は w の増加関数だと仮定します。

一方，失業者の価値関数は V^u とします。失業者は賃金を受け取っていないので，失業者の価値関数は賃金に依存しません。そのため，図 6-9 に示されているように，失業者の価値関数は水平になります。

失業者は失業給付 b を受け取りながら職探しをするとします。失業給付の増加は失業状態の価値を高めます。これは失業の価値関数が上方にシフトすることを意味します。また，失業の価値はジョブオファーを受ける確率に依存します。毎期，失業者は p の確率でジョブオファーを受けるとします。p が高くなると，好条件の仕事に就けるチャンスが拡大するため失業の価値は増加します。つまり，失業の価値関数は上方にシフトします。

● 留保賃金の決定

雇用者と失業者の価値関数が与えられると，失業者の職探し行動を分析することができます。失業者は仕事のオファーがあると，それを受け入れ雇用

図 6-10 留保賃金の決定

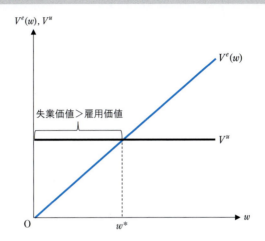

者となるか，あるいは受け入れず職探しを続けるかを選択します。

今，職探しの結果，失業者に低賃金の仕事のオファーがあったとします。この失業者の行動を考えてみましょう。オファーを受け入れれば，失業状態から抜け出せますが，もらえる賃金は低くなります。他方，このオファーを断ったとすると，この失業者は将来，これよりも高い賃金の仕事のオファーを受けられる可能性がありますが，それまでは失業状態が続くことになります。また，そのような高賃金の仕事が見つかるとも限りません。

失業者は雇用者になることから得られる価値と職探しを続けることから得られる価値を比べ，その価値が大きい方を選択することになります。失業者が仕事のオファーを受け入れ雇用者になることの価値は $V^e(w)$ であり，失業を続けることの価値は V^u です。よって，$V^e(w) \geq V^u$ ならば，オファーを受け入れ，$V^e(w) < V^u$ ならばオファーを受け入れません。図 6-10 からわかるように，$w \geq w^*$ のとき，$V^e(w) \geq V^u$ となり，$w < w^*$ のとき，$V^e(w) < V^u$ となります。つまり，w^* は失業者がオファーを受け入れる最低の賃金水準となります。これが留保賃金です。留保賃金 w^* は次の式で決定されます。

$$V^e(w^*) = V^u \tag{6.2}$$

> **◎ Point6.2　留保賃金ルール**
> 失業者は留保賃金以上の賃金を支払うオファーを受け入れる。

● **失業率の決定**

　留保賃金の水準が決定されると，長期の失業率を求めることができます。失業率は失業プールに流入する人数と失業プールから流出する人数によって決定されます。今，w より高い賃金の仕事をオファーされる失業者の割合を関数 $H(w)$ で表します。図 6-11 に示されているように，$H(w)$ は w の減少関数になります。毎期，失業者のうち p の割合の人が仕事のオファーを受け，そのうち，$H(w^*)$ の割合の人がオファーを受け入れるので，就職する者は $upH(w^*)$ となります。他方，雇用者の一部は失職するとします。離職率を s とすると，毎期，$s(1-u)$ の雇用者が仕事を失います。

　長期の失業率は失業プールへの労働者の流入と流出が一致するように決ま

図 6-11　賃金オファーの分布

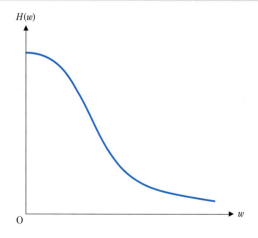

るので，

$$upH(w^*) = s(1-u) \tag{6.3}$$

が成立します。なお，$pH(w^*)$ は就職率を表します。失業者が就職するのは，仕事のオファーがあり，かつ，その仕事が留保賃金以上の賃金を支払う場合です。前者の確率は p であり，後者の確率は $H(w^*)$ なので，就職率は $pH(w^*)$ となるのです。なお，失業期間の平均は

$$D = \frac{1}{pH(w^*)}$$

と就職率の逆数として求めることができます。これは，失業者が就職する確率が毎月10%だとすると，平均的な失業期間は10ヶ月となることを意味しています。

(6.3) 式より均衡失業率は次のように求められます。

$$u = \frac{s}{s+pH(w^*)} \left(= 1 - \frac{pH(w^*)}{s+pH(w^*)}\right) \tag{6.4}$$

離職率 s および留保賃金 w^* の増加は失業率を上昇させること，また，失業者のうちオファーを受ける者の割合 p の増加は，失業率を低下させることがわかります。このようにジョブサーチモデルでは (6.2) 式から留保賃金が決まり，その留保賃金のもと，(6.4) 式から均衡失業率が決定します。

● 比 較 静 学

次に失業給付額，離職率が変化したときに，留保賃金と失業率がどのように変化するのかを学ぶことにします。

失業給付の変化は均衡失業率にどのような影響を与えるのでしょうか？失業給付の増加は失業の価値 V^u を高めます。その結果，図 6-12 に示されているように，留保賃金が上昇します。留保賃金の増加は，$H(w^*)$ を減少させるため，(6.4) 式より，均衡失業率が上昇することがわかります。

図 6-12　失業給付の影響

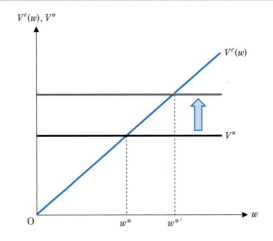

　失業給付が引き上げられると，失業状態でいることの価値が高くなるので，失業者にとって就職してもよいと思える留保賃金は高くなります。このため，満足いく仕事が見つかるまでに時間がかかることになります。つまり，失業期間が長くなり，その結果，失業率が上昇します。

　次に離職率 s が上昇したときの効果を調べましょう。離職率が高くなると雇用者の価値 $V^e(w)$ は低下します。これは離職率が高くなると，失業の可能性が高くなるため，就職することが魅力的でなくなるからです。図 6-13 に示されているように，離職率 s の上昇は $V^e(w)$ の減少を通じて，留保賃金を上昇させます。(6.4) 式からわかるように，留保賃金の上昇は均衡失業率を上昇させます。

● ダイアモンドの逆説

　ここまで失業者は留保賃金以上の賃金を提示するオファーを必ず受諾するとしてきました。つまり，留保賃金以上の賃金全てが均衡賃金となるということです。これは生産能力と留保賃金が同じ労働者であっても受け取る賃金に差が生じることを意味しています。

図 6-13　離職率の影響

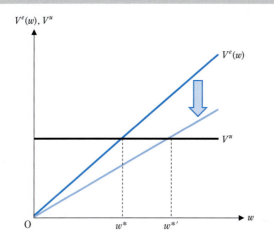

　たまたま，留保賃金よりもはるかに高い賃金を提示された失業者はそのオファーを受け，高い賃金を受け取ります。他方，たまたま提示された賃金が先ほどの賃金よりは低いものの，留保賃金よりも高い場合，やはりこの賃金を提示された失業者もオファーを受け入れます。このように生産能力や留保賃金が同じ労働者であっても運によって高い賃金をもらう者も出てくれば，低い賃金をもらう者も出てきます。

　ここまで労働者が受け取る賃金の分布は外生的なものとして話を進めてきました。言い換えれば，企業がどのように賃金水準を選ぶかということは無視してきました。次に，企業がどのように賃金を設定するかを考えましょう。

　多くの同質な労働者と多くの同質な企業からなる経済を考えます。労働者は同質なので，全ての労働者は同じ留保賃金を持ちます。これまで同様，労働者は留保賃金以上の賃金を支払うオファーであれば必ず受けるとします。この際，労働者は留保賃金以上の賃金を支払う仕事について，その賃金が高いか低いかということは問題にしないことに注意しましょう。この状況において，利益を最大化したいと考えている求人企業は留保賃金より高い賃金をわざわざ支払おうとはしません。全ての企業は留保賃金と同額の賃金を求職

者に提示するでしょう。労働者は提示された賃金が留保賃金を下回っていないため、それを受け入れます。結果、留保賃金が唯一の均衡での賃金水準となります。この状況では企業が利潤を独占し、労働者の職探し活動は意味がなくなります。これはそれを指摘したピーター・ダイアモンド（マサチューセッツ工科大学教授）の名をとって**ダイアモンドの逆説**といわれています。

◆**Review Exercises**

1. 失業が発生する大きな原因は何か説明しなさい。
2. 実質賃金が労働市場の需給をバランスさせる水準を超えて高止まりする理由を説明しなさい。
3. 効率賃金とは何かを説明しなさい。
4. サーチ理論を用いて、就職率の増加が留保賃金および失業率に与える影響を分析しなさい。
5. サーチ理論によると、失業給付の増加は失業率を上昇させます。このモデルの含意の妥当性を、欧米諸国の失業給付額と失業率の関係を調べることで検討しなさい。

第 7 章

サーチ・マッチングモデル

■ Introduction

　求職者の多くは新聞・雑誌やインターネット，あるいは紹介などにより求人企業を見つけて応募し，試験や面接を通過して就職が決まります。また，求人企業も労働者を採用するまでには様々なプロセスを要します。このように求職・求人活動には時間やコストがかかります。これは労働市場には摩擦が存在していることを意味しています。このような摩擦の存在する労働市場を分析するものにサーチ・マッチング理論があります。この理論は求人募集があるにもかかわらずなぜ失業が発生するのか，経済政策は失業にどう影響するのかという疑問に答える理論で，労働市場をマクロの視点から分析する際の標準的なツールとなっています。本章ではこの理論を解説します。

　労働市場では求人企業が存在するにも関わらず失業者が存在します。その理由のひとつとして，企業が求める人材と求職者の資質が合致しないことが考えられます。例えば，ある高校が歴史の教員を探しているとします。この場合，数学の教員免許を持っている求職者はその仕事に就くことができません。このような状況を求人と求職のミスマッチが生じているといいます。また，労働者や企業が地理的に移動するには時間やコストがかかるため，ミスマッチが発生することもあります。さらに，求人がすぐに埋まらない理由として，求職者がどこにどのような求人があるのかを知らず，職探しに時間がかかるということもあります。

　通常の経済理論では，労働者と企業はそれぞれ同一で，情報も完全だと仮定しています。そのような状況下では，労働者も企業も相手を瞬時に見つけることができるため，労働市場での取引は非常に単純なものになります。

しかしながら，現実の労働市場での取引はこのように単純ではありません。労働者はそれぞれ異なるスキルや仕事に対する選好を持っています。また，仕事もそれぞれ必要となるスキルが異なります。つまり，労働者と企業は不均一であるということです。また，情報も完全ではありません。このような状況下では，取引相手を探すのに時間も費用もかかります。経済主体の不均一性や情報の不完全性など，取引を瞬時に行われなくする存在を市場の摩擦といいます。

摩擦が存在する労働市場では取引相手を上手く見つけることができないため，需要が十分にあっても取引の成立量が過小となることがあります。摩擦が存在する労働市場を分析するものとして第6章ではサーチ理論を学びました。ここではサーチ理論の中でも，サーチ・マッチングモデルというものを学ぶことにしましょう。第6章で学んだサーチ理論は労働者の行動に注目した理論でしたが，サーチ・マッチングモデルは労働者のみならず企業の行動も考慮しているのがその特徴です。

■コラム　DMPモデル

サーチ・マッチングモデルは労働市場を分析する際の主流となりつつあります。特に，失業を分析する際の標準的な理論となっています。また，経済政策が労働市場に与える影響を分析する際にも用いられています。サーチ・マッチングモデルはその開発者であるマサチューセッツ工科大学のピーター・ダイアモンド（Peter Diamond），ノースウェスタン大学のデール・モーテンセン（Dale Mortensen），ロンドンスクールオブエコノミクスのクリストファー・ピサリデス（Christopher Pissarides）の頭文字をとってDMPモデルと呼ばれることがあります。この3名はサーチ・マッチングモデルの功績を称えられ2010年のノーベル経済学賞を受賞しています。

■ 7.1　サーチ・マッチングモデル

サーチ・マッチングモデルの分析の対象は労働市場です。労働市場には多

数の労働者と多数の企業が存在しています。労働者は雇用されているか，あるいは失業状態にあり求職活動をしているのかのどちらかです。前者を雇用者，後者を失業者と呼びます。また，企業は労働者を雇い生産活動を行っているか，欠員状態で求人活動を行っているかのいずれかです。前者を単に企業，後者を欠員企業と呼ぶことにします。話を単純にするために，企業は労働者を1人しか雇えないと仮定します。

　失業者と欠員企業はそれぞれ求職・求人活動を行います。後に詳しく説明しますが，失業者と欠員企業が出会いペアが成立すると，その労働者と企業は生産活動を始めます。ここでは雇用者と企業のペアのことをマッチと呼びます。マッチは財を生産し，企業は労働者に賃金を支払います。マッチは永遠に生産活動を続けられるわけではありません。企業の業績が悪くなり倒産するなど様々な理由により，マッチが解消される可能性があります。マッチが解消されると，雇用者は仕事を失い失業者となります。一方，企業は労働市場から退出するか，新たに求人を出し欠員企業となるかのいずれかを選択します。

　図 7-1 はモデルの概要を示したものです。3つのサークルは失業者のプール，欠員企業のプール，そして雇用者と企業のプールを表しています。失業者，欠員企業はそれぞれ求職・求人活動を行います。失業者プールと欠員企業プールから出ている矢印はそれぞれ求職者と求人企業のフローを表しています。失業者と欠員企業のマッチングが成立すると，失業者と欠員企業は雇用者と企業のプールに移動します。企業は労働者を1人しか雇えないと仮定しているので，新規に就職した労働者数と新規に充足された求人数は一致します。

　雇用者と企業のプールにいるマッチは生産活動を行いますが，離職が発生する可能性があります。離職が発生すると，雇用者は失業者となります。つまり，労働者は雇用者プールから失業者プールへ移動します。雇用者プールから出ている矢印は雇用から失業への労働力フローを表しています。

　一方，離職が起こると，企業は労働市場から退出するか，欠員企業プール

図 7-1 サーチ・マッチングモデルの概要

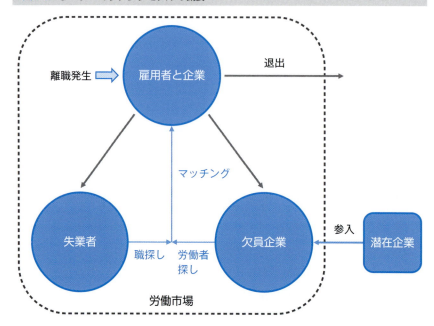

に移動します。企業プールから出ている 2 本の矢印はそれらのフローを表しています。なお，労働市場の外には潜在的な企業が存在しています。このような潜在企業はそれが得だと思えば，労働市場に参入します。潜在企業は労働者を雇っていないので，労働市場に参入する場合にはまず欠員企業プールに入ることになります。

このような労働者と企業の動きを捉えるためにサーチ・マッチングモデルではいくつかの数式を用います。サーチ・マッチングモデルを構成する重要なものとして，マッチング関数，ベバリッジ曲線，そして雇用創出条件式と呼ばれるものがあります。以下，それぞれを詳しく見ていくことにしましょう。

7.2 マッチング関数

マッチング関数はある時点の新規採用者数を求職者数と求人数の関数で表したものです。今，時点 t の失業者数を U_t，欠員数を V_t，新規採用者数を h_t で表すと，マッチング関数は次のようになります。

$$h_t = m(U_t, V_t)$$

これは，求職者数が U_t で求人企業数が V_t のときに，h_t のマッチが成立することを意味しています。

マッチング関数は生産関数と似ています。生産関数が資本や労働といった生産要素と生産物の産出量の関係を表しているように，マッチング関数も求職者数と欠員数と成立マッチの数の関係を表しています。

マッチング関数には次のような性質が仮定されています。

1. マッチング関数は U_t と V_t についての増加関数
2. h_t は U_t と V_t の小さい方の値以下となる
3. マッチング関数は規模に関して収穫一定

一つ目の性質は求人企業数の値を固定したまま，求職者数を増やすと，成立するマッチが増えることを意味します。これは1求人企業当たりの求職者数が増えることが原因です。同様に，求職者数を固定して，求人企業数を増やしても新規採用者の数は増えます。

二つ目の性質は，新規採用者数は求職者数と求人企業数の小さい方の値を超えないということを意味しています。仮に，求職者数と求人企業数をそれぞれ9と26であるとすると，新規採用者数は最大でも9人となり，これを超えることはありません。

最後の性質は求職者数と求人企業数が2倍になると，それに比例して成立するマッチの数も2倍になるというものです。

実証研究の結果，マッチング関数はコブ・ダグラス型で上手く表現できることがわかっています。コブ・ダグラス型関数とは $f(x_1, x_2) = A x_1^\alpha x_2^\beta$ （$\alpha>0$，$\beta>0$）の形をした関数です。特に $\alpha+\beta=1$ のとき，三つ目の収穫一定の性質を満たします。そこで，以下，コブ・ダグラス型のマッチング関数を用いて話を進めましょう。つまり，マッチング関数は

$$h_t = m(U_t, V_t) = A U_t^\alpha V_t^{1-\alpha}$$

であるとします。ここで $A>0$ はマッチングの効率を表すパラメータです。また，α は $0<\alpha<1$ を満たすパラメータで新規採用者数が失業者数の変化に対してどの程度，反応するかを表しています。

今，欠員数と求職者数の比率（欠員・失業比率）を

$$\theta_t = \frac{V_t}{U_t}$$

とします。θ_t は求職者1人に対する求人数を表しており，労働市場の逼迫度と呼ばれます。この指標は求職者数に比べて求人数が多くなるほど大きくなります。つまり，「逼迫度が上がる」ということは企業が人材を獲得することが難しくなることを意味しています。実際の経済指標では有効求人倍率が労働市場の逼迫度に近いものとしてあげられます。

マッチング関数から，時点 t に欠員状態にある企業が失業者に出会う確率が計算できます。労働者を探している欠員企業の数は V_t でそのうち労働者に出会う企業数は h_t なので，欠員企業が労働者に出会う確率は

$$\frac{h_t}{V_t} = A\left(\frac{U_t}{V_t}\right)^\alpha = A\theta_t^{-\alpha}$$

となります。これは欠員補充率と呼ばれます。欠員補充率は労働市場の逼迫度の減少関数となっていることに注意してください。労働市場の逼迫度が高いということは，企業の人材獲得が厳しくなることを意味するので，企業が労働者と出会う確率が低下するのです。

同様に，失業者が企業と出会う確率，すなわち就職率は次のように求められます。

$$\frac{h_t}{U_t} = A\left(\frac{V_t}{U_t}\right)^{1-\alpha} = A\theta_t^{1-\alpha} \equiv f(\theta_t)$$

就職率は労働市場の逼迫度の増加関数となっています。

■コラム　マッチング関数の推定

　計量経済学の手法を用いてマッチング関数を推定することで，マッチングの効率性を数量的に捉えることが可能です。本文で述べたように，マッチング関数は $h_t = AU_t^\alpha V_t^{1-\alpha}$ で表現でき，この時，就職率は $f = A\theta_t^{1-\alpha}$ となります。ここで A はマッチングの効率性を表すパラメータです。この値が高いほど，マッチングの効率性が高くなります。就職率の対数をとると，次の推定式が得られます。

$$\ln f_t = \ln A + (1-\alpha)\ln\theta_t + \varepsilon_t$$

ここで ε_t は誤差項です。就職率と労働市場の逼迫度のデータを用いて上の式を推定することで，マッチング効率性 A の値を求めることができます。表は日本と米国のデータからそれぞれのマッチング効率性を推定したものです。表の一行目（$\ln A$ の行）がデータから推定されたマッチング効率性です。これより，日本のマッチング効率性が米国よりも低いことがわかります。

	日　本			米　国		
$\ln A$	-2.62	-3.20	-3.05	0.03	0.17	0.18
$1-\alpha$	0.38	0.29	0.31	0.78	0.75	0.77
Trend		0.003	0.002		-0.002	-0.002
推定方法	OLS	OLS	GMM	OLS	OLS	GMM
R^2	0.84	0.94	0.94	0.91	0.98	0.98

注：推定期間は 2001 年第 1 四半期から 2016 年第 2 四半期
　　データの出所：日本：厚生労働省「一般職業紹介状況」，総務省統計局「労働力調査」
　　　　　　　　　米国：U.S. Department of Labor "Job Openings and Labor Turnover Survey (JOLTS)"

■ 7.3 ベバリッジ曲線

次に労働市場での失業者の時間を通じた動きを考えてみましょう。今，時点 t の雇用者数を E_t，労働力人口を L_t とします。労働力人口は一定とします。つまり，$L_t = L$ です。労働力人口は雇用者数と失業者数の合計なので

$$L = E_t + U_t$$

となります。また，失業率は失業者数を労働力人口で割ったものなので

$$u_t = U_t/L$$

となります。

毎期，失業者の一部は仕事を見つけて失業者プールから流出する一方で，雇用者の一部が職を失い失業者プールに流入します。就職率は $f(\theta_t)$ なので，失業者プールから流出する失業者数は $f(\theta_t)U_t$ となります。また，離職率を s とすると失職する雇用者数は sE_t となります。つまり，失業者数の時間を通じた推移は次のようになります。

$$U_{t+1} = U_t - f(\theta_t)U_t + sE_t \tag{7.1}$$

これは，来期の失業者数は今期に職に就くことができなかった失業者の人数と今期に離職した雇用者の人数の合計であることを意味しています。

失業者プールへの流入と流出が一致する状態を定常状態と呼びます。つまり，定常状態では

$$f(\theta_t)U_t = sE_t \tag{7.2}$$

が成立します。これを（7.1）式に代入すると，$U_{t+1} = U_t = U$ となり，定常状態では失業者数が時間を通じて一定になることがわかります。

また，定常状態では雇用者数も時間を通じて一定となります。これは次のように確かめられます。その定義から時点 $t+1$ の雇用者数は労働力人口か

ら失業者数を引いたものになります。つまり，$E_{t+1}=L-U_{t+1}$ となります。定常状態では失業者数が一定なので，$E_{t+1}=L-U_{t+1}=L-U_t=E_t$ となり，雇用者数も時間を通じて一定となることがわかります。

ここで，労働力人口の定義式を用いると（7.2）式は次のように書き直せます。

$$f(\theta_t)U = s(L-U)$$

ここで離職率 s，労働力人口 L，そして失業者数 U はある決まった値をとるため，労働市場の逼迫率も一定となることがわかります。つまり，定常状態では $\theta_t=\theta$ が成立します。上の式を労働力人口 L で割って失業率の式に直すと

$$u^* = \frac{s}{s+f(\theta)} = \frac{s}{s+A\theta^{1-\alpha}} \left(=1-\frac{A\theta^{1-\alpha}}{s+A\theta^{1-\alpha}}\right) \tag{7.3}$$

となり，定常状態における失業率 u^* が求まります。定常状態では失業率が一定となることが確認できます。

（7.3）式より，定常状態の失業率は離職率 s と労働市場の逼迫度 θ によって決まることがわかります。離職率の上昇は定常状態の失業率を上昇させます。これは，雇用から失業へのフローが増加するためです。一方，労働市場の逼迫度が上がると，失業率は低下することがわかります。これは労働市場の逼迫度の上昇により就職率が上がり，失業者が仕事を見つけやすくなるからです。

労働市場の逼迫度の定義式を用いると，（7.3）式を次のように書き直せます。

$$u^* = \frac{s}{s+A\left(\dfrac{v}{u^*}\right)^{1-\alpha}}$$

ここで，$v=V/L$ は**欠員率**と呼ばれるものです。これを v について解くと

$$v = \left(\frac{s(1-u^*)}{Au^{*\alpha}}\right)^{\frac{1}{1-\alpha}} \tag{7.4}$$

図7-2 ベバリッジ曲線

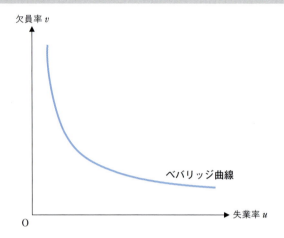

となり，欠員率を失業率の減少関数として表せます。これを横軸に失業率，縦軸に欠員率をとりグラフにしたものが図7-2です。この右下がりの曲線は，第5章で説明したように，ベバリッジ曲線またはUV曲線と呼ばれます。ベバリッジ曲線は欠員率が高いときには失業率が低くなり，逆に欠員率が低いときには失業率が高くなることを意味しています。

(7.3) 式を再び見てみると，離職率 s はパラメータですが，労働市場の逼迫度は $\theta = v/u$ であり，モデルの中で決定される変数（内生変数）です。つまり，定常状態の失業率を決めるためには，労働市場の逼迫度を決定する均衡式が必要になります。これについては次の節で詳しく見ることにします。

■ 7.4 雇用創出条件

定常状態の失業率を求めるには，定常状態での労働市場の逼迫度を求める必要があることがわかりました。労働市場の逼迫度を決定する式は雇用創出

条件式と呼ばれます。この式はどのくらいの企業が求人活動を行うかを表すものです。雇用創出条件式を導出するには企業の行動を分析する必要があります。

● **自由参入条件**

　摩擦が存在する労働市場では，企業は労働市場に参入してすぐに生産活動を始めることはできません。まずは求人を出して，労働者を見つける必要があります。欠員企業が労働者を探す際には面接や書類選考などコストがかかります。欠員企業が支払う費用を c で表すことにしましょう。労働者を無事に採用できると，企業は生産活動を開始し，その雇用者に賃金を支払います。労働者を雇い生産活動を行っている企業が獲得できる価値（期待利得と呼ばれます）を J とします。

　労働市場への企業の参入・退出を考えてみましょう。企業の労働市場への参入・退出は自由だとします。潜在企業はどのような場合に労働市場に参入するでしょうか？労働市場に参入しない場合，潜在企業の価値はゼロです。潜在企業が労働市場に参入した場合，労働者を雇い生産を開始するまでの間は欠員状態になります。もし企業の欠員状態における価値がゼロ以上であれば，潜在企業は労働市場に参入するでしょう。また逆に，欠員状態にある企業の価値がゼロより小さくなれば，それらの企業は労働市場から退出します。この結果，長期的には欠員状態における企業の価値はゼロとなります。これは，欠員率 v は，欠員状態における企業価値がゼロとなるように決まることを意味しています。

　サーチ・マッチングモデルでは

欠員状態における企業価値＝0
（欠員を提示することの期待利得）

という式を自由参入条件式といいます。

● **雇用創出条件式**

　自由参入条件式から，企業にとって求人を提示することの期待利得はゼロであることがわかりました。これより，

$$0 = -c + \frac{1}{1+r}[q(\theta)J + (1-q(\theta))\times 0] \quad (7.5)$$

が得られます。ここで，r は利子率を表しています。右辺は求人を提示することの期待利得を表していますが，これを詳しく見てみましょう。

　まず，右辺の第1項は企業が支払う求人コストを表しています。求人活動を行っている企業は確率 $q(\theta)$ で労働者とマッチすると翌期から生産活動を行い，価値 J を獲得します。企業が労働者とマッチしない確率は $(1-q(\theta))$ です。この場合，企業が獲得する価値はゼロになります。これらを表したのが右辺の第2項です。企業が生産活動により価値 J を獲得するのは翌期以降なので，価値 J を利子率 r で割り引いていることに読者は注意をしてください（詳しくは次章で説明します）。

　(7.5) 式は**雇用創出条件式**と呼ばれるもので，労働市場の逼迫度 θ を決定する式です。7.2節で述べた欠員補充率が $q(\theta)$ に該当するので，(7.5) 式は

$$c = \frac{1}{1+r}A\theta^{-\alpha}J \quad (7.6)$$

と書き直せます。上の式において，c, r, A, α はパラメータなので，J が与えられると，θ が決まることがわかります。そこで，次に生産活動を行っている企業の期待利得 J について詳しく学んでいきましょう。

　労働者とマッチした企業は毎期 y の財を生産し，労働者に賃金 w を支払うものとします。生産物の価格は1とします。ここで，財の生産量 y はモデルの外部から与えられる（外生変数といいます）のに対し，賃金はモデルで決定される内生変数とします。また，すでに説明したように，マッチは各期に s の確率で外生的に終了します。これを数式で表現すると，次のようになり

ます。

$$J = y - w + \underbrace{\frac{1-s}{1+r}(y-w)}_{\text{(i)}} + \underbrace{\left(\frac{1-s}{1+r}\right)^2 (y-w)}_{\text{(ii)}} + \cdots + \underbrace{\left(\frac{1-s}{1+r}\right)^t (y-w)}_{\text{(iii)}} + \cdots$$

上の式の右辺を見ると，(i) の部分は今期（生産を開始した最初の期）の企業の利益を表しています。利益は収入 y から費用，ここでは賃金支払い w を引いたものになります。(ii) の部分は次期の利益を表したものです。マッチが終了しない場合に企業は生産を行い利益が得られます。マッチが終了しない確率は $1-s$ です。また，利益が発生するのは次期なので，それを現在価値で表現するために利子率 r で割り引いています。同様に (iii) の部分も解釈できます。(iii) の部分は t 期先の利益の割引現在価値を表しています。

これを整理すると

$$J = \frac{1+r}{r+s}(y-w) \tag{7.7}$$

となります（初項 $y-w$，公比 $1-s/1+r$ の無限等比級数の和として計算できます）。

● 賃金の決定

最後に賃金がどのように決定されるかを見ていきましょう。サーチ・マッチングモデルが労働市場の需要・供給分析と大きく異なる点のひとつは賃金決定のメカニズムです。完全競争市場を想定する需要・供給分析では，賃金を需要曲線と供給曲線の交点で求めるのに対し，摩擦の存在する労働市場を想定するサーチ・マッチングモデルでは賃金は企業と労働者の 1 対 1 の交渉で決まるとします。これは，摩擦が存在する労働市場では，出会いやマッチングに時間がかかるため，取引の主体が企業と労働者の 1 対 1 となり，市場における需要曲線や供給曲線を定義できないためです。

企業と労働者が賃金を交渉で決めるというのは，企業と労働者の間で利得

をどのように分け合うかを決めるということです。そこで，登場するのがゲーム理論の一分野である交渉理論と呼ばれるものです。標準的なサーチ・マッチングモデルでは交渉理論の中でも代表的なナッシュ交渉と呼ばれるもので，企業と労働者は賃金を決定すると考えます。ただし，ナッシュ交渉による賃金決定の仕組みは若干複雑になるので，詳しい説明は補論に回すことにして，ここでは単純な賃金決定の仕組みを考え議論を進めることにしましょう。

今，単純化のために賃金はマッチが生産する財の一部であるとします。具体的には，賃金はマッチが生産する y 単位の財のうち，η の割合であるとします。つまり，賃金を表す式（賃金方程式）は

$$w = \eta y$$

となります。ここで，η（イータ）を労働者の賃金交渉力と呼ぶことにします。η は 0 から 1 の間の値をとるパラメータですが，η が 0 に近いほど，労働者の賃金交渉力は小さくなり，受け取る賃金も低くなります。逆に，η が 1 に近いほど，労働者の賃金交渉力は大きくなり，受け取る賃金も高くなります。

賃金方程式と (7.7) 式を用いると，雇用創出条件式（(7.6) 式）は次のように書き直せます。

$$c = A\theta^{-\alpha}\frac{(1-\eta)y}{r+s} \qquad (7.8)$$

雇用創出条件式から労働市場の逼迫度 θ が一意に決定されます。

図 7-3 は，横軸に失業率，縦軸に欠員率をとり，雇用創出条件式をグラフにしたものです。図の直線は雇用創出条件線と呼ばれます。雇用創出条件線の傾きは労働市場の逼迫度 θ となっています。(7.8) 式からわかるように，モデルのパラメータが変化すると，労働市場の逼迫度 θ も変化するため，雇用創出条件式の傾きが変わります。

図 7-3 雇用条件式

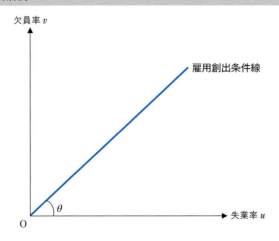

■ 7.5 均衡失業率の決定

図 7-4 は横軸に失業率，縦軸に欠員率をとった u–v 平面上にベバリッジ曲線と雇用創出条件線を重ねて描いたものです。定常状態における失業率と欠員率はベバリッジ曲線と雇用創出条件線の交点で決まります。図の u^* と v^* はそれぞれ定常状態における失業率と欠員率を表しています。u^* は**均衡失業率**と呼ばれることもあります。

次に，モデルのパラメータが変化したときに，均衡失業率がどのように変化するかを分析しましょう。まず，生産量 y の変化が均衡失業率に与える影響を考えます。(7.4) 式は生産量 y を含んでいないため，生産量の変化はベバリッジ曲線には影響しないことがわかります。他方，雇用創出条件式 (7.8) から，生産量 y の増加は労働市場の逼迫度 θ を上昇させます。これは図 7-5 に記されているように，雇用創出条件線の傾きを急にするため，均衡失業率が低下し，欠員率は上昇します。

図 7-4　均衡失業率の決定

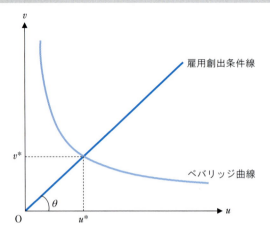

図 7-5　生産量 y の上昇の影響

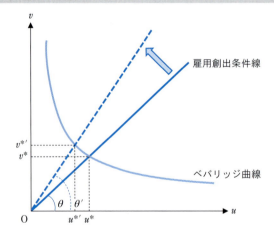

また，利子率 r，労働者の賃金交渉力 η，欠員コスト c の増加もベバリッジ曲線には影響しないものの，雇用創出条件線を下方にシフトさせ，均衡失業率を上昇，欠員率を低下させることがわかります。

最後に離職率 s の上昇が失業率に与える影響を調べましょう。離職率の上

図 7-6 離職率上昇の影響

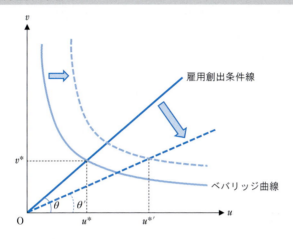

昇は (7.7) 式より企業の期待利得を低下させるため，雇用創出の条件式 (7.8) より労働市場の逼迫度 θ を低下させます。つまり，雇用創出条件線の傾きが緩やかになります。一方，離職率の増加はベバリッジ曲線を外側にシフトさせます。これは次のように説明できます。

ある失業率のもとで，離職率の上昇は，失業プールへの流入を増加させます。ベバリッジ曲線のもとでは，失業プールへの流入と失業プールからの流出がバランスするため，失業プールへの流入の増加に対応するためには失業率が上昇し失業からの流出が増加する必要があります（(7.4) 式参照)。図 7-6 に見られるように，ベバリッジ曲線，雇用創出条件線ともに右側にシフトするため，均衡失業率は上昇します。

■ 補論　ナッシュ交渉解による賃金決定

上記の分析では単純化のため，賃金はマッチが生産する財の一部であると

しました。しかしながら，すでに説明したように標準的なサーチ・マッチングモデルでは賃金は労働者と企業の交渉によって決定されます。具体的には，企業と労働者はマッチ形成による純利得をそれぞれの交渉力に応じて分け合います。その分配を決めるのが交渉理論におけるナッシュ交渉です。

マッチ形成の純利得とは何でしょうか？ すでに見たように，企業は労働者とマッチを形成することで J だけの価値が得られますが，欠員企業の価値（V と表現することにします）を失うことになります。つまり，企業にとってマッチを形成することの純利得は「$J-J^V$」となります。一方，労働者はマッチを形成することで失業者から雇用者になるので，その純利得は「J^W-J^U」となります。ここで，J^W は雇用者の価値を，J^U は失業者の価値を表しています。これより，マッチの純利得は

$$J-J^V+J^W-J^U$$

となります。

企業と労働者はこの純利得をそれぞれの交渉力に応じて分け合います。ここでは，単純化して労働者と企業の交渉力が同じケースを考えてみましょう。この時，賃金は次の式を満たすように決定されます。

$$J-J^V=J^W-J^U$$

この式で，左辺と右辺はそれぞれ交渉が成立した際の企業と労働者の純利得を表しています。つまり，賃金はマッチ形成の純利得を企業と労働者が半分ずつ分け合うように決まるということです。

◆Review Exercises

1. 労働市場の摩擦とは何かを説明しなさい。
2. マッチング関数とは何かを説明しなさい。
3. マッチング効率性の変化が均衡失業率に与える影響を分析しなさい。
4. 賃金方程式が $w=\eta y+(1-\eta)z$（z は失業保険とする）で表されるとき，失業保険の変化が失業率に与える影響を分析しなさい。

第 8 章

人 的 資 本

■ **Introduction**

日本では現在，高校への進学率は97%を超えており，さらに，高校卒業後，大学，短大，専門学校などに進学する人も7割を超えています。「学校での勉強は社会に出てから役に立たない」という批判の声もある中で，実に多くの人が義務教育修了後，高等教育を受けています。また，社会に出てからも人々は会社で研修や訓練を受けたり，個人で英会話学校に通うなど学び続けます。このような教育や訓練は人にどのような影響を与えるのでしょうか？ ここでは「人的資本理論」と「シグナリング理論」と呼ばれる経済学のツールを学び，教育や訓練の効果を考えることします。

労働サービスの提供者である人は高校・大学で教育を受けたり，社会に出てからも会社で研修や訓練を受けたりします。このような教育や訓練は人にどのような影響を与えるのでしょうか。

人を教育や訓練によってその生産性が高まる資本であるとみなす考えが人的資本理論です。建物や機械などの物的資本に対して，人が身につけた知識やスキルなどを人的資本と呼びます。教育や訓練によって知識や技能を習得することは人的資本に対する投資行動（人的投資）とみなすことができます。

人的投資には費用がかかります。例えば，英会話学校に通って英語を学ぶとすると，教材費や授業料などの費用がかかります。また，同時に英会話学校に行かなかった場合に得られたであろうアルバイトの給料や恋人とのデートの時間もその費用と考えることができます。

教育や訓練によってその生産性が向上することが期待される場合，人は投資の便益と費用を比較して，どれだけ人的投資を行うかを決めることになり

ます。

　教育や訓練が人の生産性を高めるという考えは，個人のみならず国にとっても重要です。もし，教育や訓練によって労働者の生産性が高まれば，それは国の生産性にも影響するからです。既存研究によると，教育水準の向上が一国の経済成長を説明する重要な要素であることがわかっており，人的資本理論の重要性が支持されています。

　一方，世の中では「大学での勉強は社会では役に立たない」という批判の声もあります。教育は個人の生産能力を向上させるものではないという考え方です。教育が個人の生産性を高めるものでないのであれば，なぜ，人は高等教育を受けるのでしょうか？　これを説明するのに**シグナリング理論**と呼ばれるものがあります。この理論ではもともと高い能力を有する人が自分の能力の高さをアピールするために高い教育を受けると考えます。

　この章では人的資本理論とシグナリング理論を詳しく学ぶことにしましょう。

8.1　教育投資モデル

　ここでは大学進学に関する**教育投資モデル**を解説します。このモデルは高校を卒業した個人がすぐに就業するのか，あるいは大学に進学し，大卒者として労働市場に参入するのかの選択を分析するものです。

　個人は「大学に行くことが得なのか，あるいは損なのか」を考えて大学に進学するかどうかを決めます。もう少し詳しく言うと，個人は大学に進学することの費用と便益を比較して大学に進学するか否かを決定します。

● 費用と便益

　大学進学の費用には**直接的な費用**と**機会費用**があります。直接的な費用は

図 8-1 教育水準別の生涯賃金

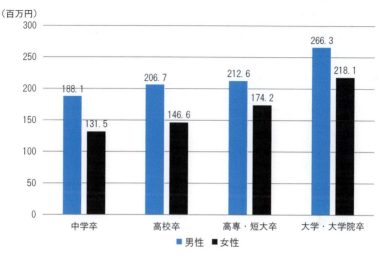

出所：労働政策研究・研修機構「ユースフル労働統計 2016」

学費，教材費，通学費などです。他方，大学進学の機会費用は高卒ですぐに働いていたら得られたであろう収入です。一般に，機会費用とは他の選択肢を選んでいたら「得られたであろう利益」のことをいいます。

では大学に進学することの便益は何でしょうか？ ひとつに，大学教育により人的資本が向上し高卒で就業した場合と比べ，長期的に高い賃金が得られることがあげられます。図 8-1 には学歴別の生涯賃金が示されています。高校卒業後，すぐに就職し，60 歳で退職するまでフルタイムの正社員で働いた場合の生涯賃金は男性 2 億 670 万円，女性 1 億 4660 万円となっています。これに対して，大学・大学院卒の生涯賃金は男性 2 億 6630 万円，女性 2 億 1810 万円となっており，高校卒よりもかなり高くなっています。

また，大学進学の便益には，賃金上昇などの金銭的便益だけではなく，人的ネットワークの形成やサークル活動を楽しむことなど非金銭的なものも含まれます。

個人はこれらの便益を上述の費用と比較して大学に進学するかどうかを決

8.1 教育投資モデル ● 145

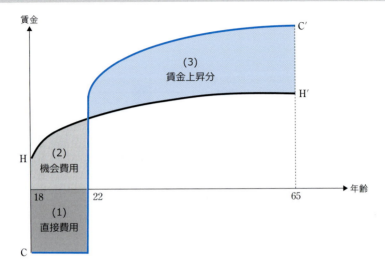

図 8-2 大学進学モデル

めます。個人の大学進学に関する意思決定問題を詳しく考えることにしましょう。

図 8-2 は横軸に年齢，縦軸に金額をとり，個人の賃金カーブを選択肢ごとに描いたものです。曲線 HH′ は高校卒で就業した場合の賃金カーブ，曲線 CC′ は大学に進学し，大学卒で労働市場に参入した場合の賃金カーブを表しています。ここで，個人は 18 歳で高校を卒業し，65 歳で定年退職を迎えるまで働くとしています。

曲線 CC′ からわかるように，大学進学を選択すると，個人は 18 歳からの 4 年間に大学進学の費用を支払うことになります。図の (1) の部分は学費や教材費などの直接費用，図の (2) 部分は機会費用を表しています。個人は大学卒業後，22 歳で労働市場に参入しますが，高校卒で就業した場合と比べて高い労働所得を得ることができます。図の (3) 部分は大学進学によって得られる賃金上昇分を表しています。

● 現在価値

　ここで問題となるのは，図 8-2 の（1）と（2）の合計で表される大学進学の費用と（3）で表される便益の大きさを直接比較できないということです。これは，大学進学の費用と便益がそれぞれ異なる時点の貨幣価値で表されているからです。例えば，この個人が 18 歳の時の 1 万円と 47 年後，65 歳になった時の 1 万円ではその貨幣価値は異なるため，直接比較ができません。これを理解するために次の質問を考えてみましょう。

　　質問：今，あなたが誰かから「今日か 1 年後に 1 万円をあげる」と言われたらどちらを選ぶか？

　選ぶべき答えは「今日もらう」です。なぜなら，今日もらった 1 万円を銀行に預けておけば，1 年間でそれに対する利子を稼ぐことができるからです。例えば，利子率が 3% だとすると，今日の 1 万円は 1 年後に 1 万 300 円（＝ 1 万円×(1＋0.03)）となります。逆に，1 年後にもらう 1 万円の今日の価値は 9709 円（＝1 万円/(1＋0.03)）でしかありません。これは同じ金額（1 万円）でも発生時期によってその価値が異なることを表しています（もっとも金利がマイナスであれば，1 万円を 1 年後にもらうことの方が今日もらうよりも得になります）。

　発生時期の異なる貨幣価値を比較するために使用されるものが現在価値です。現在価値とは将来の貨幣価値を現在の価値に計算し直したものです。今，利子率を r とすると，1 年後に受け取る金額 y の現在価値 PV は

$$PV = \frac{y}{1+r}$$

となります。利子を生む可能性があるため，現在価値 PV は y よりも小さい額となります。このため，r は割引率と呼ばれることがあります。

　上の例では今日の 1 万円が 1 年後に持つ将来価値を計算しました。次に，今日の 1 万円が t 年後に持つ将来価値を計算してみましょう。利子率を r とすると，

1 年後　$(1+r) \times 10000$ 円
2 年後　$(1+r) \times (1+r) \times 10000$ 円
3 年後　$(1+r) \times (1+r) \times (1+r) \times 10000$ 円
⋮
t 年後　$(1+r)^t \times 10000$ 円

となります。これは，t 年後の 1 万円の現在価値は $10000/(1+r)^t$ であることを意味しています。一般に，t 年後に受け取る金額 y の現在価値は次のように求めることができます。

$$PV = \frac{y}{(1+r)^t}$$

● 投資の意思決定

　大学進学の問題に話を戻しましょう。図 8-2 からわかるように大学進学の費用と便益はいくつかの年にまたがって発生しています。このように費用と便益がいくつかの時点で発生している場合，純便益（便益−費用）の現在価値の合計は次のように計算できます。

$$PV = y_0 + \frac{y_1}{(1+r)} + \frac{y_2}{(1+r)^2} + \cdots + \frac{y_T}{(1+r)^T} \qquad (8.1)$$

ここで，y_t は t 期における純便益を表しています。(8.1) 式を用いると，大学進学の純便益の現在価値の合計は次のように求めることができます。

$$PV = y_{18} + \frac{y_{19}}{(1+r)} + \frac{y_{20}}{(1+r)^2} + \cdots + \frac{y_{65}}{(1+r)^{47}} \qquad (8.2)$$

　大学進学を選択した場合，最初の 4 年間は直接費用と機会費用がかかり，かつ労働所得も得られないため，大学進学の純便益はマイナスとなりますが，その後，退職年齢まで純便益はプラスとなります。大学進学の純便益の現在

価値の合計がプラスである限り，個人は大学に進学することを選択します。

● **モデルの含意**

大学進学の意思決定に関するモデルから以下の含意が得られます。

1. **大学進学の費用**

   他の条件を一定とすると，大学進学に関する費用の低下は大学進学を増やします。これは費用の低下が大学進学の純便益を増やすためです。奨学金や政府による学費ローンなどの充実は大学進学の金銭的費用を下げるので進学を促進すると考えられます。また，経済状況も大学進学に影響します。不況時には，賃金が低くなりやすいため，高校卒業後すぐに就業することで得られる労働所得は低くなります。これは大学進学の機会費用を低くするので，結果として，不況時には大学進学が増えることになります。実際，不況時には大学進学者が増えることがデータから観察されています。

2. **大卒と高卒の収入の差**

   他の条件を一定とすると，大卒と高卒の収入差が大きくなると，大学進学が増加します。これは，大卒と高卒の収入差の拡大は大学進学の純便益の現在価値を高めるからです。(8.2) 式からも，$y_{22}, y_{23}, \cdots, y_{65}$ が大きくなると，大学進学の純便益の現在価値が高くなることがわかります。

3. **投資の収益が獲得できる期間**

   他の条件を一定とすると，若い人ほど大学に進学するインセンティブが高くなります。これは若い人ほど，大学卒業後，定年までの期間が長くなるからです。言い換えれば，教育投資の収益が獲得できる期間が長ければ長いほど，投資を行うインセンティブが高まるということです。

■ 8.2　企業による訓練

　学校教育だけが個人の能力を高めるものではありません。個人は学校を卒業し，労働市場に参入した後も，訓練や研修によって職業能力を高めていきます。

　企業が提供する訓練は，「仕事を離れて行う訓練」である Off JT（off-the-job training）と「仕事を通じての訓練」である OJT（on-the-job training）に大別されます。Off JT の例としては，研修や講習会への参加があります。また，OJT の例としては，職場の上司や先輩が，部下や後輩に対して仕事を与え，その仕事を通じて，仕事に必要な知識や技能などを指導し，習得させることがあげられます。

　なぜ企業は労働者を訓練するのでしょうか？　訓練は労働者の生産性を高めるので，企業はその雇用者を訓練することで将来の収益を増やすことできます。ただし，訓練には費用がかかります。そこで，企業は訓練の便益と費用を比べて，訓練を行うかどうかを決定します。

　具体的には，訓練の便益と費用の現在価値を比較することで，企業の訓練に関する意思決定を分析することができます。これは訓練の費用と収益が発生するタイミングが異なるためです。費用は訓練と同時に発生しますが，労働者の生産性が上がり，企業の収益が高まるまでには時間がかかります。訓練投資の純便益の現在価値がプラスであれば，企業は訓練を行いますが，マイナスであれば訓練を行いません。

　労働者が訓練によって習得する人的資本には一般的人的資本と企業特殊的人的資本の2種類が存在します。一般的人的資本とは全ての企業で通用する知識やスキルです。これに対して，企業特殊的人的資本は特定の企業でしか通用しない知識やスキルです。労働者に一般的人的資本を身につけさせる訓練は一般訓練，企業特殊的人的資本を身につけさせる訓練は企業特殊訓練と

呼ばれます。

　訓練を一般・企業特殊に分けることは簡単ではありませんが，一般訓練の例としては英語や表計算ソフトの研修など，どの企業でも活用できるスキルを磨くものがあげられます。また，企業特殊訓練の例としては，その企業でのみ使用する特殊な機械やコンピュータソフトの操作の習得や，その企業の製品についての知識を学ぶことなどがあげられます。

　訓練によって労働者が習得するスキルの性格は，訓練費用を誰が負担するかに依存します。結論を先取りすれば，労働者がどの企業でも通用するスキルを身につける一般訓練の場合，その費用は労働者が全て負担することになります。これに対して，労働者が訓練を実施した企業でのみ通用するスキルを身につける企業特殊訓練の費用は労働者と企業の両方が負担することになります。以下，一般的人的投資と企業特殊的人的投資の理論をそれぞれ詳しく解説します。

● 一般訓練モデル

　訓練によって獲得できる人的資本がどの企業でも通用する場合，企業はその訓練費用を負担しようとはしません。なぜなら，訓練費用を回収することができないからです。

　訓練により獲得したスキルはどの企業でも通用するため，訓練後，労働者は別の企業で高い賃金を得られる可能性があります。労働者が別の企業に移ってしまうと，企業は訓練投資による便益が受けられません。したがって，企業は訓練費用を負担しようとは思いません。また，労働者が他企業に移ってしまうのを防ぐためには，労働者の生産性に応じた賃金を支払う必要がありますが，この場合も，その高い賃金支払いのために訓練費用を回収することができず，やはり訓練投資によるメリットはありません。このように，一般訓練では企業はメリットを得られないため，企業がその費用を負担することありません。

　これを単純なモデルを用いて説明しましょう。今，企業と労働者の関係は

図 8-3 人的資本モデルの解説

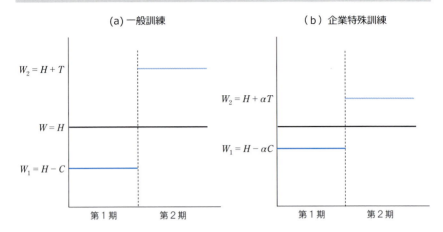

2期間だけ続くとします。訓練は第1期に行われ，それにより労働者の生産性が第2期に高まるものとします。なお，訓練は第1期のみに行われます。これは，雇用関係は2期間のみなので，第2期に訓練を行ってもその収益を回収できないからです。訓練には費用 C がかかるとします。

このモデルの構造は図 8-3(a) に示されています。図 8-3 で，H は訓練を受けていない労働者の生産性を表しています。訓練を受けない場合，労働者の生産性は第1期と第2期で同じになり，その生産性に応じた賃金 W が支払われます。

企業が労働者に一般訓練を行った場合，労働者の生産性は第2期に $H+T$ に上昇します。この労働者の知識・スキルはどの企業でも通用するため，競争的市場ではこの労働者の第2期における賃金は $W_2 = H+T$ となります。もし，訓練を行った企業が第2期に W_2 よりも低い賃金を支払うならば，この労働者は W_2 を支払う他の企業に移ってしまいます。

第2期に企業が労働者の生産性に一致する賃金を支払うということは，企業が訓練費用を回収できないことを意味します。ゆえに，企業は訓練費用を負担せず，労働者がその費用を負担することになります。これは労働者が第

1期に訓練費用を差し引いた賃金 $W_1 = H - C$ を受け入れることで達成されます。

この結果，労働者の賃金プロファイルは図 8-3(a) の青い線（第 1 期の賃金は W_1，第 2 期の賃金は W_2）で表されます。図から賃金プロファイルの傾きは訓練費用と訓練による生産性の上昇分に依存することがわかります。訓練費用が大きいほど，また，生産性の上昇分が大きいほど，賃金プロファイルの傾きは急になります。

● 企業特殊訓練モデル

次に訓練が企業特殊的であるケースを考えましょう。図 8-3(b) は企業特殊訓練モデルを示したものです。先ほどと同様，訓練を受けていない労働者の生産性と賃金をそれぞれ H と W で表します。また，訓練費用を C で表し，企業特殊訓練を受けた労働者の生産性を $H + T$ とします。一般訓練モデルとの違いは訓練後，労働者の生産性が上がるのは訓練を施した企業においてのみということです。

はじめに，労働者が第 1 期に訓練費用を全て負担する場合を考えます。第 1 期の労働者の生産性は $H - C$ となるので，企業が支払う賃金は $w_1 = H - C$ となります（厳密には労働者の生産性は H ですが，訓練に時間を費やすことでその分，生産量が低くなると考えます）。第 2 期に労働者の生産性は $H + T$ となるので，訓練による生産性の上昇を考慮した賃金 $w_2 = H + T$ が支払われれば，労働者は訓練の収益を回収できます。ただし，企業が労働者を解雇すると，労働者は訓練の収益を回収できなくなります。よって，労働者は企業が解雇しないという保証を得たいと考えます。

次に，企業が第 1 期に訓練費用を全て負担する場合を考えます。この場合，第 1 期の労働者の生産性は H となるので，賃金も $w_1 = H$ となります。第 2 期に労働者が転職しなければ，企業は引き続き同じ賃金 $w_2 = H$ を支払うことで，訓練の収益を回収できます。第 2 期には労働者の生産性は $H + T$ となりますが，賃金は H のままであることに注意してください。これは，訓練

によって身につくスキルが企業特殊的なので，仮に労働者が他企業に移るとその生産性が H となるためです。ただし，労働者が別の企業に移ってしまうと，企業は訓練の収益をまったく回収できないので，企業は労働者が転職しないという保証を得たいと考えます。

そこで，企業と労働者はそれぞれ解雇，離職をしないという雇用契約を結ぶという方法が考えられます。その場合，第一のケースでは労働者が訓練費用を負担し，賃金プロファイルを $w_1=H-C$ および $w_2=H+T$ とし，第二のケースでは企業が訓練費用を負担し，賃金プロファイルは $w_1=w_2=H$ となりますが，これら契約は不履行となる可能性があります。

企業と労働者がそれぞれ解雇と離職を避ける方法として，第2期の賃金を適切に設定するという手段があります。

第2期の賃金 w_2 を訓練がない場合の労働者の生産性と訓練がある場合の労働者の生産性の間に設定すれば，企業と労働者にそれぞれ解雇と離職を避けるインセンティブを与えることができます。つまり，第2期の賃金を $H<W_2<H+T$ を満たすように設定するということです。この条件を満たす賃金 W_2 のもとでは，企業は第2期に $H+T-W_2$ だけの利益が得られるため，労働者を解雇するインセンティブを持ちません。同様に，労働者は，第2期に別の企業に移ると賃金が H となるので，それを上回る賃金が支払われている限り，離職するインセンティブを持ちません。

この場合，第1期の賃金はどのように決まるのでしょうか？　第1期の賃金は訓練費用を企業と労働者で分担するように決定されます。今，第2期の賃金を $w_2=H+\alpha T$ とします。ここで，α $(0<\alpha<1)$ は労働者が受け取る訓練成果の割合で，労働者の賃金交渉力の強さを示す指標です。この時，第1期の賃金は，労働者が訓練費用の一定割合 α を負担し，残りを企業が負担するように求められます。つまり，第1期の賃金は $w_1=H-\alpha C$ となります。図8-2(b)は訓練が企業特殊的な場合の賃金プロファイルを示しています。

企業特殊訓練モデルから得られる含意のひとつに，賃金と勤続年数の間の正の関係があります。第1期と第2期の賃金を比べると，$W_2>W_1$ となって

います。これは，勤続年数が長くなると賃金が上がることを意味しています。また，第2期に賃金を適切な水準にすることで，企業と労働者がそれぞれ解雇と離職を避けようとすることからわかるように，企業特殊訓練モデルから勤続年数が長くなると離職率が低下することが予測されます。

■コラム　ミンサー型賃金関数

　人的資本理論によると教育や訓練は人的資本の蓄積を通じて賃金を向上させます。労働経済学の父と呼ばれるジェイコブ・ミンサーは人的資本理論から賃金と教育の関係を表す重要な式（ミンサー方程式）を導出しました。この式は賃金の決定式として最もよく使われているもので，具体的には次のようなものです。

$$\ln W = \alpha + \beta_1 S + \beta_2 E + \beta_3 E^2 + \gamma X + \varepsilon_t$$

　ここで W は賃金，S は教育年数，E は勤続年数，X は賃金と関係がありそうな観察できる変数（例えば，性別）を表しています。α, β, γ はパラメータであり，データから推定されるものです。また，ε_t は誤差項と呼ばれ，観測できる属性では説明できない賃金部分を表しています。β_1 は教育年数，β_2 と β_3 は勤続年数が賃金に与える影響を表しています。ミンサー型の賃金関数は多くの国で推定されており，日本でもデータへの当てはまりが良いことが確認されています。また，この賃金関数を日米両国のデータに適用すると，米国に比べて日本の方が勤続年数が賃金を増加させる効果が強くなることが知られています。

8.3　シグナリング理論

　人的資本理論によると，教育は個人の生産性を高め，その結果，賃金を上昇させます。つまり，大学卒の労働者の方が高校卒の労働者よりも多くを学んでいるために，高い賃金を得ているということになります。

　これに対し，教育は個人の生産能力を向上させるものではなく，個人の能力を識別する道具にすぎないという考え方があります。シグナリング理論と呼ばれるものです。

　この理論によると，個人が高い教育を受けようとするのは，学歴が個人の

兼ね備えている能力の高さを示すからです。そして，高卒者と比べ大卒者の方の賃金が高いというのは，大卒者が大学で一生懸命学んだからではなく，大卒者はそもそも高い生産能力を持っていたからだと説明します。

以下，シグナリング理論を学ぶことにしましょう。シグナリング理論のエッセンスは次の3つです。

① 労働者の生産性は最初から決まっており，教育によって変化しない
② 労働者は自分の生産性を知っているが，雇用主は労働者を雇用する際には彼らの生産性を正確に把握することができない
③ 生産能力と教育にかかる費用の間には負の相関関係がある

● 企業と労働者における情報の非対称性

生産性の高い労働者と低い労働者が存在するとします。生産性が高い労働者を「Hタイプの労働者」，生産性が低い労働者を「Lタイプの労働者」と呼ぶことにします。今，単純化のために，Hタイプの労働者の生産性の割引価値を2，Lタイプの労働者の生産性の割引価値を1とします。また，労働者全体に占めるHタイプの労働者の割合をq，Lタイプの労働者の割合を$(1-q)$で表します。ここで，$0<q<1$とします。

もし企業がそれぞれの労働者のタイプを見分けることができるとしたら，Hタイプの労働者には2，Lタイプの労働者には1の賃金を支払います。仮に，Hタイプの労働者を雇った企業がその生産性の割引価値である2よりも低い賃金しか支払わないとしたら，その労働者はより高い賃金を支払う他の企業に移ります。ただし，企業は労働者の生産性の割引価値より高い賃金は支払わないので，均衡ではHタイプの労働者の賃金は2となります。同様にLタイプの労働者の賃金はその生産性の割引価値と等しい1となります。

しかしながら，企業が労働者のタイプを完全に見分けることができるという仮定は現実的ではありません。労働者は各自の生産性を知っていますが，雇用主は労働者の生産性を正確に把握することができないと考える方が自然です。これは労働者と雇用主の間に労働者の生産性に関する情報の非対称性

が存在しているということです。

● **識別情報の必要性**

労働者の生産性に関する情報を何も得られないとすると，雇用主は労働者のタイプを見分けられないので，生産性の高い労働者も低い労働者も同様に扱うことになります。言い換えれば，生産性が異なる労働者に同一の賃金を支払うことになります。この場合，企業は平均的な生産性に見合った賃金を支払います。つまり，賃金は

$$2q + 1(1-q) = 1 + q$$

となります。

この場合，Lタイプの労働者はその生産性より高い賃金を受け取れるという意味で得をしますが，Hタイプの労働者はその生産性より低い賃金しか受け取れないため損をすることになります。また，企業も生産性の低い労働者に高い賃金を支払うことになるので，その意味において「損をする」ことになります。

このような状況のもとでは，Hタイプの労働者は自らの生産性が高いことを示す情報を企業に提供するインセンティブを持ちます。そして，企業もまたその情報で労働者のタイプを識別するインセンティブを持ちます。このような情報をシグナルといいます。以下のモデルで見るように，「学歴」は企業が労働者のタイプを識別するシグナルとなります。

ここで，企業は学歴水準が e^* よりも低ければ，その労働者の生産性は低く，逆に e^* 以上であれば生産性は高いものと信じているとしましょう。この信念のもとでは，図 8-4 に示されているように，学歴水準が e^* より低い労働者の賃金は 1，e^* 以上の労働者の賃金は 2 となります。

● **シグナルとしての学歴**

次に，教育の費用を考えます。シグナリング理論のエッセンス③で記したように，教育費用は労働者の生産性と負の関係にあるとします。つまり，生

図 8-4 シグナリング理論の解説①

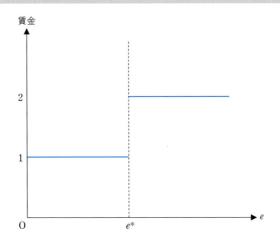

産性の高い労働者の教育費用は低いのに対して，生産性の低い労働者の教育費用は高くなります。L タイプの労働者が学歴水準 e を獲得するための教育を受ける費用を Ce，H タイプの労働者の教育費用を $Ce/2$ とします。個人は教育を受けることの価値，ここでは生涯収入の割引価値と教育費用の差を最大にするように学歴水準を決定します。

はじめに，L タイプの労働者が選択する学歴水準を考えましょう。彼らが選択する学歴水準は $e=0$ もしくは $e=e^*$ になります。これは，$0<e<e^*$ となる学歴水準を選択しても，賃金は $e=0$ のときと同じで費用だけが余計にかかるからです。同じ理由で L タイプの労働者が $e>e^*$ となる学歴水準を選択することはありません。

L タイプの労働者は $e=0$ を選んだときに得られる利得と $e=e^*$ を選んだときの利得を比較して，その利得が高い方を選択します。L タイプの労働者が学歴水準 $e=0$ を選んだときの利得は $1-C\times 0=1$ となります。他方，$e=e^*$ を選んだときの利得は $2-C\times e^*$ です。よって，生産性の低い労働者が $e=0$ を選ぶための条件は，$1>2-Ce^*$，すなわち，$e^*>1/C$ となります。図 8-5 には L タイプの労働者が $e=0$ を選ぶ様子が描かれています。

図8-5 シグナリング理論の解説②

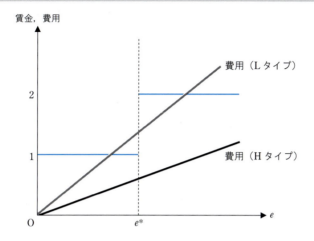

次に，生産性の高い労働者が選択する学歴水準を考えましょう。Lタイプの労働者と同様に，Hタイプの労働者が選択する学歴水準も $e=0$ もしくは $e=e^*$ となります。この労働者が $e=0$ を選んだときの利得は1で，$e=e^*$ を選んだときの利得は $2-Ce^*/2$ となります。よって，Hタイプの労働者が $e=e^*$ を選択する条件は $2-Ce^*/2>1$，つまり，$e^*<2/C$ であることがわかります。図8-5はHタイプの労働者が $e=e^*$ を選択する様子が描かれています。

これより，もし企業が e^* を $1/C<e^*<2/C$ を満たすように決めると，生産性の低い労働者は $e=0$，生産性の高い労働者は $e=e^*$ を選択することがわかります。つまり，学歴が生産性の異なる労働者を分けるシグナルとして機能することになります。

このようにシグナリング理論によると，学歴は労働者が有している生産性を識別する役割しかありません。つまり，教育それ自体は労働者の生産性を上げるものではありません。これが人的資本理論との大きな違いです。

現実に教育が生産性に影響するものなのか，あるいは，単にシグナルとしての役割しかないのか，また，その両方なのかを知ることは困難です。なぜ

なら，人的資本理論にしてもシグナリング理論にしても，学歴が高いほど高い賃金を得るという結論に至るからです。そして，高学歴な人ほど高い賃金を得ているというのが現実です。

◆Review Exercises
1. 人的資本とは何か説明しなさい。
2. 一般的人的資本と企業特殊的人的資本の違いを説明しなさい。
3. 現在価値とは何かを説明しなさい。
4. 高校卒に比べて大学卒の賃金は高くなっています。人的資本理論とシグナリング理論を用いてこれを説明しなさい。

第 9 章

賃　金

■ **Introduction**

　世の中には様々な仕事があり，その給与も様々です。高い給与の仕事もあれば，そうでない仕事もあります。職種で見るとパイロットや医師の給与は他の職種よりも高い水準になっています。なぜ，職種や会社によって支払う給与は違うのでしょうか？そもそも，給与はどのように決まるのでしょうか？本章では賃金の決定メカニズムについて説明します。賃金は労働市場で決まる場合もあれば，企業と労働者の交渉によって決定される場合もあります。ここでは賃金の決定に関していくつかの理論を解説します。

　本章では賃金の決定メカニズムについて説明します。賃金とは労働者の提供するサービスの対価として使用者が支払うものです。労働1単位当たりの賃金を賃金率といいます。労働サービスを時間で測った場合，賃金率は時給になります。また，所得（earnings）は賃金率と労働時間を掛けあわせたものです。

　賃金は国，地域，職種などによって大きく異なります。図 9-1 は 2016 年の平均年収を OECD 諸国で比較したものです。平均年収が一番高いのはスイスでその額は約 8 万 6 千ドルです。一方，一番低いのはメキシコの約 8 千ドルです。日本の平均年収は約 3 万 9 千ドル（日本円で約 428 万円）で，これは OECD 平均よりも低くなっています。

　次に，厚生労働省「賃金構造基本統計調査」から，日本における職業別賃金を見ることにしましょう。表 9-1 は男女別に賃金の高い職種と低い職種のトップ 5 を表したものです。ただし，全ての職種を網羅しているわけではな

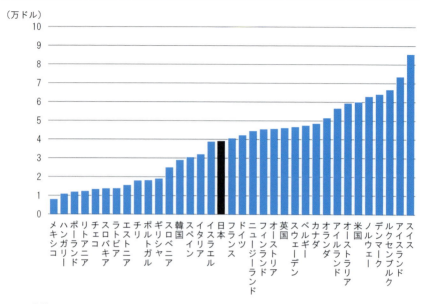

図 9-1 平均年収の国際比較（2016 年，米ドル）

データ出所：OECD

いことと，男女で職種が異なることに注意が必要です。

男女ともに航空機操縦士の賃金が一番となっています。また，その順位は男女で異なるものの，医師，歯科医師，大学教授の賃金は他の職種に比べて高くなっています。また，男女ともに賃金が高い職種（上位5位平均）と低い職種（下位5位平均）ではその格差は4倍以上になっています。

このように賃金は国や職業によって異なっています。このような違いはどこから来るのでしょうか？ この問いに答えるためには，そもそも賃金がどのように決まるのかを考える必要があります。

完全競争的な労働市場では労働需要と労働供給が一致するように賃金は決まります。そこでは賃金は労働者の生産性と等しくなります。しかしながら，実際の労働市場は完全競争では決してありません。企業が賃金を設定できる場合には，賃金は労働需給が一致する点では決まりません。また，企業と労

表 9-1 賃金の高い職種と低い職種トップ5

上位	男性	月給（万円）	女性	月給（万円）
1	航空機操縦士	150.0	航空機操縦士	85.7
2	医師	89.8	医師	75.7
3	歯科医師	70.9	大学教授	62.5
4	大学教授	66.2	歯科医師	59.7
5	大学准教授	53.7	弁護士	51.8

下位	男性	月給（万円）	女性	月給（万円）
1	ビル清掃員	19.7	型枠大工	12.8
2	スーパー店チェッカー	19.9	左官	14.0
3	警備員	20.0	ミシン縫製工	14.8
4	調理士見習	20.1	精紡工	15.5
5	看護補助者	20.4	建具製造工	16.1

出所：厚生労働省「平成 28 年賃金構造基本統計調査」

働者あるいは労働組合が交渉によって賃金を決定するケースもあります。このように賃金は労働者の生産能力だけで決まるものではなく，労働市場の環境や労使間の賃金交渉の環境にも依存します。以下，詳しく賃金決定のメカニズムを学ぶことにしましょう。

9.1 完全競争市場

はじめに完全競争的な労働市場における賃金決定を考えましょう。労働市場には無数の企業と無数の労働者がいるとします。企業と労働者はそれぞれ同一であるとします。企業は労働者を雇用したいと考えており，労働者は企業で働きたいと思っているとします。また，市場において情報は完全であると想定します。つまり，誰がどこで仕事を探しているか，どの企業がどこで

図 9-2 完全競争的労働市場での賃金決定

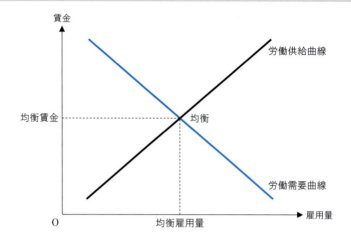

労働者を探しているかなどという情報が社会全体で知られているとします。

ここで重要なのは，企業，労働者ともにプライステイカーであるということです。無数の企業や無数の労働者がいるということは，個別企業や個人の行動が社会全体に影響を与えるほど大きな存在ではないことを意味します。このような状況では，賃金は各企業や各労働者が自ら決定できるものではありません。むしろ，各経済主体は賃金を与えられたものとして行動することになります。

完全競争的な労働市場において，賃金は労働需要曲線と労働供給曲線の交点で決まります。図 9-2 は横軸に労働者数，縦軸に賃金をとり，労働需要曲線と労働供給曲線を描いたものです。労働需要曲線は右下がり，労働需要曲線は右上がりになっています。2つの曲線の交点で均衡賃金と均衡雇用量が決定されます。個別企業は市場で決定される賃金のもとでどれだけの労働者を雇うかを選択します。また，労働者個人は与えられた賃金のもとで，働くか否か，働くとしたら何時間働くかを選択することになります。

■9.2 需要独占モデル

　ここまでは，完全競争的な労働市場でどのように賃金が決定されるかを説明してきました。つまり，労働市場には多数の企業と多数の労働者が存在するため，個々の経済主体が市場で成立する賃金を動かせないような状況を考えてきました。しかしながら，現実の市場ではわずかな企業しか存在しておらず，個々の企業が価格決定にある程度の影響力を持つことがあります。これを<u>不完全競争</u>の状態といいます。

　ここでは多数の労働者に対して企業が1社だけしか存在しない単純なケースを考えましょう。これは<u>買い手独占</u>と呼ばれるケースです。労働市場における買い手独占の古典的な例としては，たったひとつの炭鉱会社に依存する炭鉱町のケースがありますが，最近では田舎で近所に工場がひとつしかない場合や自宅の近くで働く主婦のパート労働市場などが考えられます。

　買い手独占企業は完全競争的な企業とは異なった賃金，雇用量の決定をします。完全競争市場では企業は市場で決定される賃金のもとで，いくらでも労働者を雇うことができました。これに対して，買い手独占企業の場合，その雇用量は賃金に影響します。買い手独占企業は市場での唯一の労働需要者なので，市場の労働供給曲線に直面します。労働供給曲線が右上がりだとすると，その雇用量を増やすには賃金も上げる必要があることがわかります。

　例えば，買い手独占企業が表 9-2 に示されている労働供給曲線に直面しているとします。この労働供給曲線によれば，時給 800 円のもとでは誰も働こうとしません。時給 900 円だとこの企業は 1 人労働者を雇うことができます。その労働コストは時給 900 円となり，限界費用も 900 円となります。もしこの企業が労働者を 2 人雇おうとするのであれば，時給 1000 円を支払う必要があります。ここで重要なのは，2 人目の労働者に対して時給 1000 円を支払うだけではなく，既存の労働者の時給も 900 円から 1000 円に引き上げな

表 9-2 労働供給曲線の例

賃金（時給）	労働供給量	費用
800 円	0 人	0 円
900 円	1 人	900 円
1000 円	2 人	2000 円

図 9-3 買い手独占

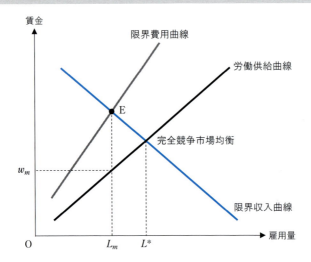

くてはいけないということです。企業が労働者を 2 人雇うことの費用は時給 2000 円となり，限界費用は 1100 円となります。

図 9-3 は労働供給関数と買い手独占企業の限界費用曲線の関係を示したものです。買い手独占企業が右上がりの労働供給曲線に直面しているということは，この企業の限界費用曲線も右上がりで，しかも労働供給曲線よりも上方に位置することを意味します。

第 4 章で学んだように，利益を最大化する企業は労働の限界収入と限界費用が一致するように雇用量を選びます。つまり，買い手独占企業は図 9-3 で限界費用曲線と限界収入曲線が交わる点 E で雇用量 L_m を決定します。賃金

水準はどのように決まるのでしょうか？労働供給曲線は，企業が L_m の労働者を雇うためには w_m の賃金を支払う必要があることを示しています。

市場が完全競争である場合と比べて，買い手独占企業が雇う労働者数は少なくなることがわかります。また，この企業が支払う賃金は完全競争的市場における均衡の賃金よりも低くなることがわかります。買い手独占企業は，利潤を最大するために，雇用量を抑え，その結果，競争的賃金よりも低い賃金を労働者に支払うことになります。

■9.3 サーチ理論

不完全競争市場のもうひとつの特徴として情報の不完全性があります。完全競争市場では労働者はどこでどのような仕事があるのか，また，企業はどこにどのような労働者がいるのかという情報が経済全体に周知されていると仮定しています。

しかしながら，現実はそうではありません。労働者はどの企業が求人活動を行っているのか，また，その企業がいくらで労働者を雇うのかなどの情報をはじめから持っていません。また，企業もどこにどのような能力を持っている労働者が職を探しているのかについて事前に知ることは困難です。その結果，労働者，企業ともに時間をかけて適当な相手を探すことになります。

このように情報が不完全の場合に労働者と企業の求職・求人活動を描写するのがサーチ理論です。

サーチ理論には企業の行動を所与として，労働者の求職活動だけに注目する（主体均衡）サーチモデルと労働者と企業両方のサーチ活動を描写するサーチ・マッチングモデルがあります。これらのモデルは失業を分析するための有益な手法となっています。この2つのモデルは第6章と第7章で詳しく学びましたが，ここではその賃金決定について解説します。

労働者の求職行動に焦点を当てたサーチモデルでは，失業者には毎期，仕事のオファーがあるとします。仕事には賃金の高いものもあれば，賃金の低いものもあります。オファーをもらった際，失業者はそれを受けて働くか，あるいは別の仕事を探すかを選択します。失業者は事前にどの企業がどれだけの賃金の仕事を提示するかは知らないものの，提示される賃金の分布は知っているとします。つまり，失業者は事前に賃金がいくらのオファーをもらうかは知らないものの，社会全体に賃金の高い仕事がどのくらい，また賃金の低い仕事がどのくらいあるかは知っているということです。

　失業者にはそれぞれ<u>受け入れてもよいと考える最低の賃金</u>があります。これを<u>留保賃金</u>と呼びます。企業から提示された賃金が留保賃金と同額かあるいはそれを上回っていれば，失業者はそのオファーを受け，その企業で働き始めます。

　このモデルにおける賃金決定のポイントは「運」です。今，留保賃金や生産能力が同じである失業者が2人いるとします。1人目はたまたま留保賃金をはるかに上回る高い賃金の仕事を，また，2人目はたまたま留保賃金と同額の賃金の仕事をオファーされたとします。2人とも企業から提示された賃金が留保賃金を上回るので，その仕事を受け入れますが，受け取る賃金は大きく異なります。つまり，留保賃金や生産能力が同じ人でも運によって高い賃金を得られる人もいればそうでない人もいるということです。

■9.4　補償賃金仮説

　世の中には多種多様な仕事が存在しています。警察官，消防士，自衛官など肉体的につらく危険を伴う仕事もあれば，そうでないものもあります。一般に，肉体的・精神的につらい仕事には高い賃金が支払われる傾向にあります。なぜでしょうか？　通常，人々はキツイ仕事を敬遠するので，賃金が高

図 9-4 労働者の効用関数

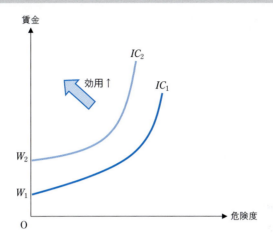

くないと誰もその仕事に就かなくなるためです。このように，仕事の属性を考慮した上で賃金決定を考える理論に補償賃金仮説と呼ばれるものがあります。

仕事には危険な仕事と安全な仕事があるとします。労働者は賃金のみならず仕事の属性，ここでは仕事が安全か危険かを考慮して仕事を選びます。つまり，労働者の効用は賃金のみならず仕事の属性にも依存することになります。効用関数は次のように表すことができます。

$$効用 = f(賃金，仕事の危険度)$$

図 9-4 のように，労働者の効用は賃金が高ければ高いほど，また，仕事の危険度が低ければ低いほど高くなると仮定します。また，労働者は仕事に関する完全な情報を持っていると仮定します。

賃金と仕事の危険度に関する選好は労働者によって異なります。危険な仕事をものすごく嫌がる労働者もいれば，それほど嫌がらない労働者もいます。これら賃金と仕事の危険度に関する労働者の選好の違いは無差別曲線の形状

図9-5 タイプの異なる個人の無差別曲線

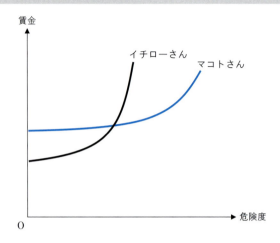

の違いで表すことができます。

図9-5にはマコトさんとイチローさんの無差別曲線が描かれています。無差別曲線の傾きはわずかに危険度の高い仕事をする際に必要となる賃金の増加分を表しています。図からわかるようにイチローさんの無差別曲線はマコトさんのものに比べてその傾きが急になっています。これはイチローさんの方がマコトさんよりも危険を回避する傾向にあることを意味しています。

なお，図9-5では2本の無差別曲線が交わっていますが，これは異なる労働者の無差別曲線が交わっているのであって，同一労働者の無差別曲線は決して交わらないことに注意してください。

企業は賃金と仕事の属性を労働者にオファーし，その利潤を最大化しようとします。企業の利潤は同一の利潤をもたらす賃金と危険度の組み合わせである等利潤曲線によって表されます。

等利潤曲線は右上がりとなります。これはより安全な仕事を提供するのにはより高いコストがかかるからです。今，企業が利潤 π_0 をもたらす賃金と危険度の組み合わせである点Aを選択しているとします。ここで企業が利潤

図 9-6 等利潤曲線

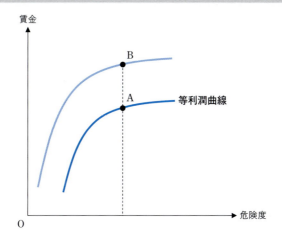

は π_0 のままより安全な仕事を労働者に提供したいと考えた場合，賃金はどうなるでしょうか。安全な仕事環境を提供するにはコストがかかるので，利潤を保つためには賃金を下げる必要があります。この結果，等利潤曲線は右上がりとなります。また，上方に位置する等利潤曲線ほど，その利潤が低くなります。これは図 9-6 の点 A と点 B を比較するとわかりやすいと思います。これら 2 つの点では危険対策の費用は同じですが，賃金は点 B の方が高くなっています。つまり，利潤は点 B の方が点 A よりも低くなります。

完全競争市場では企業の自由参入・退出によって利潤がゼロとなります。これは等利潤曲線のうち有効なのはその利潤がゼロのものだけということです。ゼロ利潤曲線は企業によって異なります。これは企業ごとに安全対策にかかる費用が異なるからです。

図 9-7 には比較的簡単に労働者に安全な職場環境を提供できる企業とそうでない企業のゼロ利潤曲線が描かれています。安全対策が容易な企業のゼロ利潤曲線はそうでない企業のものよりもその傾きが緩やかになります。

今，危険に対する選好の異なる 2 人の労働者（A と B）と安全対策への困

図 9-7 タイプの異なる企業の等利潤曲線

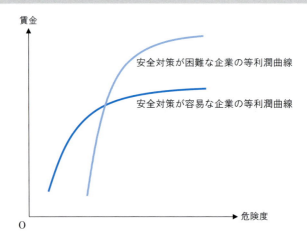

難さが異なる2つの企業（XとY）を考えましょう。労働者はその効用を最大にするように賃金と仕事の危険度の組み合わせを選びます。図 9-8 に示されているように，危険な仕事をなるべく回避したい労働者 A は安全対策が容易にできる企業 X で働くことでその効用を最大化できます。一方，危険な仕事もいとわない労働者 B は安全対策が困難な企業 Y で働くことでその効用を最大にすることができます。このように安全な仕事を求める労働者はその賃金は低くても安全な仕事環境を提供する企業に，危険な仕事でもかまわない労働者は仕事環境は安全ではないものの，その分，賃金が高い仕事に就くことが均衡になります。

図 9-8 の点 M_{AX} と点 M_{BY} は均衡での各経済主体の賃金と危険度の組み合わせを表していますが，これを結んだものをヘドニック賃金曲線と呼びます。ヘドニック賃金曲線は労働者に支払われる賃金と仕事の属性の関係を表しています。

図9-8 ヘドニック賃金曲線

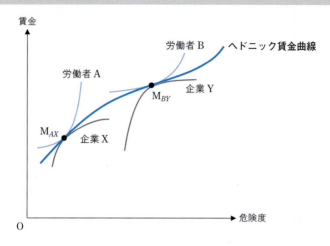

■9.5 賃金交渉

　ここまで賃金が労働市場で決定される場合を見てきましたが，賃金は労使間の交渉で決定されることもあります。ここでは，企業と労働者が賃金交渉を行うことができる場合，どのように賃金が決まるのかを学ぶことにします。生産性が y の労働者を考えましょう。労働市場が完全競争的であるとすると，賃金 w は労働者の生産性と等しくなります。また，企業は市場に自由に参入できるので，均衡ではその利潤はゼロとなります。

　今，企業は労働者を訓練することで，そのスキルを高め，生産性を y' に高めることができるとします。ただし，労働者が習得できるスキルはその企業のみで通用するものとします。また，訓練には費用 c がかかるものとします。ここで，企業は費用を支払ってでも労働者を訓練するインセンティブを持つと仮定しましょう。つまり，$y'-c > y$ が成立します。

企業は労働者と賃金を含む雇用契約を結んでから訓練を行うとします。この時，賃金はどのように決定されるのでしょうか？ 賃金は訓練後に再交渉ができるかどうかに依存して決まります。

　はじめに，訓練後に賃金の再交渉ができない場合を考えましょう。この時，企業が労働者に提示する賃金は完全競争市場における均衡賃金の w と等しくなります。なぜでしょうか？ 仮に訓練を受けた労働者が他の企業に移った場合，この労働者が受け取る賃金はその生産性に等しい w となります。それゆえ，企業は訓練を施した労働者に対して w 以上の賃金を支払うインセンティブを持ちません。これは訓練による増益分は全て企業に還元されることを意味します。

　次に，訓練後に賃金についての再交渉ができる場合を考えます。結論を先取りすると，訓練を受けた労働者が受け取る賃金 w' は完全競争市場での均衡賃金 w よりも高くなります。訓練を受けた労働者が企業との雇用関係を継続することでどれだけ得をするかを考えましょう。雇用関係が継続すると，労働者は賃金 w' を，企業は $y'-w'$ の利益を得ることになります。なお，賃金交渉は訓練後に行うので，訓練費用は企業の利益を計算する際に含まれないことに注意してください。

　賃金交渉が上手くいかなかった場合，企業は別の労働者を雇い，訓練をし直すことになります。この時，企業の利益は $y'-c-w''$ となります。ここで w'' は新たな労働者に支払う賃金を表しています。また，労働者は別の企業に移りその生産性 y に等しい賃金 w を受け取ります。

　企業と労働者はそれぞれ当初のパートナーと雇用契約を継続したときにどれだけ得をするのでしょうか。企業の利得は，
$$(y'-w')-(y'-c-w'')=c+w''-w'$$
となります。また，労働者の利得は $w'-w$ となります。企業と労働者の利得の合計（余剰）は
$$S=c+w''-w=c+w''-y$$
となります。

企業と労働者は交渉によりこの余剰を分け合うことになります。ここでは「交渉理論」の中でも代表的なナッシュ交渉と呼ばれる理論によって余剰を分け合うことにします。ナッシュ交渉では余剰のある割合 βS を労働者に，残り $(1-\beta)S$ を企業に分け与えます。ここで，β は労働者の交渉力を表すパラメータで，0と1の間の値をとります。

　この結果，労働者が受け取る余剰 βS と労働者の利得は一致するため，$\beta S = w' - w$ が成立します。これより，$w' = (1-\beta)y + \beta(c + w'')$ となります。均衡では雇用関係を継続しても新たな雇用を行っても無差別なので，$w' = w''$ が成立します。これより，賃金は

$$w' = y + \beta c/(1-\beta)$$

となります。

　冒頭で述べたとおり，訓練後に再交渉が可能な場合，その賃金は訓練後に交渉ができない場合よりも $\beta c/(1-\beta)$ 分だけ高くなることがわかります。賃金の上昇分は訓練費用 c と労働者の賃金交渉力 β に依存します。訓練費用が高ければ高いほど，また，労働者の交渉力が強ければ強いほど，賃金は高くなります。

　訓練後に賃金の再交渉が可能な場合，そうでない場合よりも賃金が高くなるのは企業が訓練を施すことで得られる利益の一部を労働者に還元するからです。企業は労働者との雇用関係が継続できない場合，新たな労働者を雇い，訓練を施すことになりますが，それを避けようと企業は既存の労働者に増益分の一部を賃金として支払うのです。

■ 9.6　独占組合モデル

　労働者は労働組合を結成し，雇用を守り，できるだけ賃金を引き上げるように企業と交渉することがあります。賃金が企業と労働組合の交渉によって

図 9-9 労働組合の無差別曲線

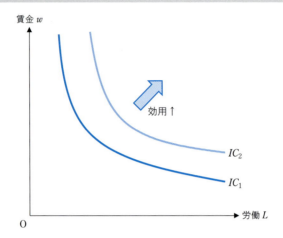

どのように決定されるかを学ぶことにしましょう。ここでは団体交渉で決定されるのは賃金のみであり、雇用量は企業が利潤を最大化するように決める**独占組合モデル**を紹介します。

労働組合は賃金が高ければ高いほど、また、雇用が多ければ多いほど、より高い効用を得られるものとします。賃金をw、雇用量をLとすると、労働組合の効用関数は次のように表現できます。

$$U = U(w, L)$$

図 9-9 は横軸に労働者数、縦軸に賃金をとって、労働組合の無差別曲線を描いたものです。無差別曲線が右上に行くほど、労働組合の効用は高くなります。

労働組合はその効用を最大にするように行動します。ここでは労働組合と企業が賃金のみを交渉するケースを考えます。つまり、労働組合と企業は賃金を交渉のテーブルに載せますが、採用する雇用者数は交渉により決定した賃金水準のもと企業がその利益を最大にするように決定するとします。

労働組合はどのようにその効用を最大化するのでしょうか？ 労働組合は

図 9-10 労働組合モデルの均衡

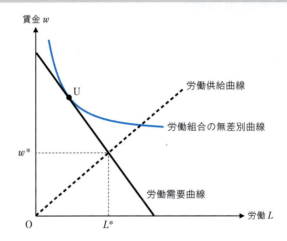

その効用を最大化する際に，企業行動による制約を受けます。第4章で学んだように，企業の行動は労働需要曲線によって表されます。企業は右下がりの労働需要曲線を持つとします。

図 9-10 には企業の労働需要曲線が労働組合の無差別曲線とともに描かれています。もし労働組合が存在しなければ，均衡は労働需要曲線と労働供給曲線の交点で決まり，賃金は w^*，雇用量は L^* となります。労働組合は企業行動を制約として，その効用を最大にするように賃金を選択します。その結果，均衡は無差別曲線が労働需要曲線と接する点 U となります。労働組合が結成されていない完全競争市場の均衡と比較すると，賃金水準は高くなりますが，雇用量が少なくなっていることがわかります。

均衡における賃金と雇用者数は経済学的な意味で効率的ではありません。なぜなら，少なくとも労働組合あるいは企業のどちらかは相手の効用を引き下げることなく，自分の効用水準を引き上げることができるからです。これは，賃金のみが交渉によって決まり，雇用者数は交渉ではなく，企業が決めるためです。労働組合と企業が賃金と雇用者数を同時に交渉によって決めることができる場合，このモデルで生じる非効率性は解消されます。

■9.7 効率賃金仮説

　企業の合理的な行動の結果として，賃金が労働市場で需給を一致させる水準よりも高いところで決まる場合があります。これは<u>企業が高い賃金を支払うことで労働者の生産性を高められる</u>という<u>効率賃金仮説</u>に基づきます。第6章で紹介したように効率賃金仮説は非自発的失業を説明するのに有益な理論ですが，ここではその賃金決定メカニズムに注目しましょう。

　企業がその雇用者がまじめに働いているかどうかを完全には観察できない場合，均衡賃金よりも高い賃金を支払うインセンティブを持ちます。完全競争市場では，企業は労働者に関する全ての情報を得られるので，雇用者がまじめに働いているかどうか観察ができます。この場合，賃金は労働需要曲線と労働供給曲線の交点で求まる均衡賃金となります。

　しかし，労働者の努力水準が完全に観察できない場合，労働者は一生懸命働くインセンティブを持ちません。なぜなら，怠けていたことが発覚し解雇されたとしても，すぐに他の企業で均衡賃金を得られるからです。

　そこで企業は労働者の努力を促そうと，<u>均衡賃金よりも高い賃金</u>を提示します。この結果，労働者が怠けていたことが発覚した場合，解雇されることのコストが高くなります。なぜなら，解雇されると高い賃金を得る機会を失い，低い賃金で働かなくてはいけなくなるからです。<u>企業は高い賃金を支払うことで労働者がまじめに働くインセンティブを高めようとするのです</u>。例えば，普通のサラリーマンに比べて銀行員の賃金が一般的に高いのは，銀行がその行員が不正をしないように他の職業よりも高い賃金を設定していると説明できます。

■コラム　同一労働同一賃金

　「同一労働同一賃金」とは「同じ仕事をしている人に不合理な差別をすることなく同様

の賃金を支払う」というものです。

　日本では，同じ会社の中で同じような仕事をしていても，パートや契約社員などの非正社員の賃金は正社員よりも安いことがごく普通です。これに対して，仕事が同じであれば，正社員，非正社員に関係なく，同じ賃金をもらえるようにするというのが同一労働同一賃金の原則です。

　日本では 2019 年から「同一労働同一賃金」制度が導入されることになっています。この背景には正社員と非正社員の待遇格差があります。日本では労働市場の二重化が深化しており，この 30 年間でパートタイムや派遣労働者などの非正規労働者が大きく増加し，今や働く人の約 4 割が非正規雇用になっています。2015 年の政府統計によると非正社員の賃金は正社員の約 6 割にとどまっており，正社員と非正社員の間には大きな格差が存在しています。

　同一労働同一賃金は欧米，特に欧州連合（EU）で普及しています。EU は加盟国共通のルールとして，パートや派遣社員など非正規労働者について，職務が同じ正規社員との間で待遇に差をつけることを禁じています。ただし，このルールは国によって柔軟に運用されており，職務が同じであるからといって必ずしも同一の賃金になるとは限りません。

◆Review Exercises

1. 労働市場が完全競争の場合と買い手独占の場合に賃金の決定がどう変わるのか説明しなさい。
2. 補償賃金仮説とは何かを説明しなさい。
3. 労働組合モデルで雇用量と賃金がどのように決まるのかを説明しなさい。
4. 正社員と非正社員では賃金が異なることを補償賃金仮説によって説明しなさい。

第 10 章

景気変動と労働市場

■ **Introduction**

　景気変動は労働市場に大きな影響を与えます。一般に，好況時には生産量や雇用量が増大し失業が低下するのに対して，不況時には生産量や雇用量が減少して失業が増加します。このような経済変数の短期変動に関する主要な事実を知ることは労働市場の仕組みを理解する上でも，また，経済政策を立案する上でも重要です。本章では景気循環上の労働市場の動きを学びます。

　景気変動はどのように労働市場に影響を与えるのでしょうか？ 経済では生産量や雇用量に短期的な変動があります。例えば，2008 年 9 月に米国で発生したリーマン・ショック後，世界規模の金融危機により，世界経済は近年で最も深刻な景気後退に陥りました。日本では 2008 年から 2009 年の間，実質 GDP の成長率は 2％減少し，失業率は 4％から 5.1％に上昇しました。このように生産の変動は雇用の変動と密接に関連しています。この章では景気変動と労働市場の関係を学ぶことにしましょう。

■ 10.1　景気循環とは

　経済活動の短期的な変動のことを景気循環といいます。経済活動には波があり，経済は好況期と不況期を繰り返しています。この繰り返しの状況が景気循環です。ここで重要なのは，景気循環は決して規則的あるいは周期的な

図 10-1 時系列データとそのトレンド

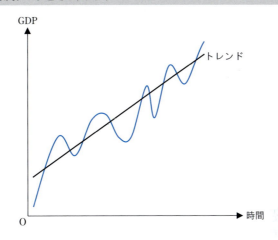

パターンを描くものではないということです。つまり，経済変動の規模や間隔は一様ではないということです。

景気循環はどのように捉えられるのでしょうか？ GDP などのマクロ経済変数には<u>トレンド</u>と呼ばれる比較的長期間にわたって安定的な部分があります。景気循環は，<u>経済に加わる様々なショックによって経済変数がトレンドの周りを変動する現象</u>として定義されます。これは図を用いるとわかりやすいと思います。

<u>図 10-1</u> は景気循環を表す代表的な指標である GDP の<u>時系列データ</u>をプロットしたものとします。時系列データとは<u>異なる時点で観察されるデータ</u>のことです。GDP は短期的には上下に変動しながらも，長期的には上昇傾向にあることがわかります。この GDP の長期的な動きを表す部分が GDP のトレンドです。

経済変数の<u>景気循環部分</u>は実際の時系列データからトレンドを引いたものになります。なお，図 10-1 ではトレンドが直線で与えられていますが，トレンドは必ずしも直線である必要はありません。実際，多くの経済変数のトレンドは複雑な曲線で与えられます。

図 10-2　トレンドからの乖離

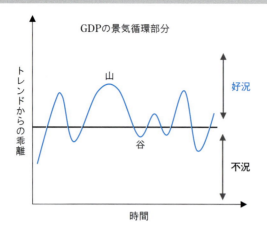

　図 10-2 には GDP のトレンドからの乖離，すなわち，GDP の景気循環部分が示されています。トレンドからの乖離が正であれば，経済は好況（ブーム），負であれば不況（リセッション）であるといいます。また，景気が上昇局面から下降局面に転じる点を（景気の）山，下降局面から上昇に転じる点を（景気の）谷と呼びます。通常，時系列データには長期的なトレンド成分，景気循環に対応する成分，そして季節変動や不規則に変動する成分（誤差）が含まれています。データから季節変動成分を除去する方法が季節調整法です。誤差を無視し，季節変動成分を除去したとすると，

季節調整済み時系列データ＝トレンド成分＋景気循環成分

となります。これより，経済変数の循環的特性を調べるためには，その時系列データからトレンドを差し引けばいいことがわかります。
　時系列データからそのトレンド成分を取り出す手法は数多く考案されています。景気循環を分析する際によく利用される手法に，ホドリック=プレスコット・フィルター（HP フィルター）があります。HP フィルターはトレンド成分を実際のデータから大きく乖離することなく，また，滑らかに変動

図 10-3　日本の実質 GDP のトレンド・景気循環パートの推移

注：実質 GDP を対数変換したものを使用している。

するように求める手法です。

　図 10-3 は HP フィルターによって日本の実質 GDP データをトレンド成分と景気循環成分に分解したものを示しています。実質 GDP のトレンドは右上がりとなっていますが，これは実質 GDP が過去 20 年以上，上昇傾向にあったことを示しています。

> ◎ **Point10.1**
> 経済変数の季節調整済み時系列データはトレンド成分と景気循環成分から成り立っている。

10.2 景気変動の測定

　実質 GDP の動きからもわかるように，マクロ経済変数の動きは不規則です。しかしながら，マクロ経済変数には他の変数と規則性をもって変動するという性質があります。例えば，好況期には生産量，雇用量ともに増える傾向にありますが，不況期にはこれらは逆に減少する傾向にあります。このような変数間の関係を共変動（comovement）と呼びます。

　景気循環における経済変数間の共変動を調べる際には，まずそれぞれの変数からその景気循環成分を取り出します。そして，抽出した景気循環成分をプロットして，それらにどのような関係があるかを調べます。図 10-4 は変数 X，Y の景気循環成分をプロットしたものです。図 10-4(a) では X が高くなると Y も高くなり，X が低くなると Y も低くなっていますが，このような場合，X と Y には正の相関があるといいます。一方，図 10-4(b) では X が高くなると Y が低くなり，X が低くなると Y が高くなっています。この

図 10-4　正の相関と負の相関

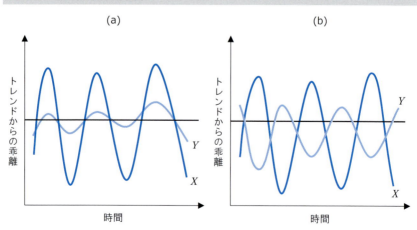

ような場合，XとYには負の相関があるといいます。

　ある変数が景気循環上どのような動きをするかを捉える際に，実質GDPとの共変動を見ることは有益です。ある変数のトレンドからの乖離が実質GDPのトレンドからの乖離と正の相関を持つとき，その変数は順循環的であるといいます。逆に，負の相関を持つときは反循環的であるといいます。また，相関がない場合には非循環的であるといいます。

> ◎ **Point10.2**
> 経済変数は景気循環上の動きに応じて，順循環的，反循環的，非循環的のいずれかに区別される。

　例として実質GDPと雇用者数の関係を見てみましょう。図10-5は実質GDPと雇用者数のトレンドからの乖離率を示したものです。実質GDPがトレンドを上回る（下回る）ときには，雇用者数がトレンドを上回る（下回る）傾向が見られます。つまり，雇用者数は順循環的であるといえます。

　経済変数の共変動は相関係数でも捉えることができます。相関係数とは2つの変数の動きがどの程度類似しているかを表す指標です。相関係数は−1から1の間の値をとり，1に近いときには2つの変数には正の相関があり，−1に近いときには負の相関があることを示します。また，相関係数が0のときには2つの変数は無相関となります。実質GDPと雇用者数の相関係数を計算すると0.46となり，両者には正の相関があることがわかります。

　また，経済変数は景気の動きに対する反応により先行変数，遅行変数，一致変数の3つに分けられます。先行変数とは景気の動きに先行して反応する変数です。ある変数が景気指標である実質GDPの将来の値を予測するのに役立つのであれば，その変数は先行変数となります。逆に，遅行変数は景気の動きに遅れて反応する変数のことをいいます。

　図10-6は実質GDPと変数X，Yのトレンドからの乖離を示したものです。図10-6(a)ではXが実質GDPより先に変化しているため，Xは先行変数と

図 10-5 実質 GDP と雇用者数

図 10-6 先行変数と遅行変数

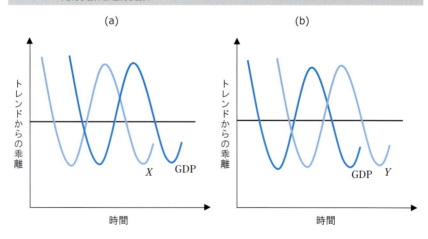

なります。一方，図 10-6(b) では Y が実質 GDP に遅れて変化するため，Y は遅行変数となります。先行変数でも遅行変数でもない変数は一致変数と呼ばれます。一致変数は景気の動きに合わせて反応する変数です。図 10-5 では雇用者数が GDP に遅れて変化する傾向が見られるので，雇用者数は遅行

変数となります。

　景気循環における経済変数の変動を捉えるためには，その変動パターンだけではなく，その変動の大きさを見ることも重要です。例えば，好況期には失業率は低下し，不況期には失業率は上昇する傾向にありますが，どの程度，失業率が変化するのかを知ることは重要です。

　変数の変動の大きさを測る際に用いられるものが標準偏差です。標準偏差はデータの散らばり具合を表す指標で，標準偏差が大きいほど，データの変動幅が大きいことを意味します。

　図 10-5 を見てください。実質 GDP はトレンドから大きく乖離して変動するのに対して，雇用者数の変動は比較的安定していることがわかります。実際にそれぞれの変数のトレンドからの乖離率についてその標準偏差を計算すると，雇用者数の標準偏差は GDP の標準偏差の約 35％と小さい値になっています。図からも両者の相対的な変動はわかりますが，標準偏差を計算する方が正確に変動の大きさを把握することができます。

■ 10.3　労働市場の循環的性質

　前節では経済変数の循環的性質を調べる際には，その変数が
① 　順循環的か反循環的か，あるいは非循環的か
② 　先行変数であるか遅行変数であるか，あるいは一致変数か
③ 　変動の大きさはどの程度か

の 3 点に注目する必要があることを説明しました。また，例として雇用者数と実質 GDP の関係を見ることで，雇用者数が順循環的であり，また，遅行変数であることを明らかにしました。さらに，雇用者数の変動は実質 GDP の変動よりも小さいことを示しました。ここでは，その他の労働市場の重要な変数について，景気循環上の動きを調べることにしましょう。

図 10-7　実質 GDP と失業者数

● 失業者数と欠員数

はじめに失業者数の循環的な動きを見ることにします。図 10-7 は実質 GDP と失業者数のトレンドからの乖離率を示したものです。実質 GDP がトレンドを上回る（下回る）とき、失業者数はトレンドを下回る（上回る）ことがわかります。これは失業者数が反循環的であることを意味しています。GDP と失業者数の相関係数は −0.65 と、2 つの系列は密接に連動しています。また、失業者数は雇用者数と同じように、遅行変数です。失業者数は GDP よりもその変動が大きく、乖離率の標準偏差は GDP の標準偏差の約 4 倍となっています。これは GDP が 1％増えると、失業者数は 4％減少することを意味しています。

次に失業者数とコインの裏表の関係にある欠員数の循環的性質を調べましょう。ここで、欠員数は厚生労働省「一般職業紹介状況（職業安定業務統計）」から得られる有効求人数から就職件数を引いたものです。欠員数と実質 GDP の相関係数は 0.74 で、欠員数が順循環的であることがわかります。また、図 10-8 から欠員数は GDP とほぼ同じタイミングで変化しているこ

図 10-8　実質 GDP と欠員数

とがわかります。また，図 10-8 からも明らかですが，欠員数の変動は GDP の変動と比べて非常に大きく，欠員数の標準偏差は GDP の標準偏差の約 7 倍となっています。

図 10-9 は失業者数と欠員数のトレンドからの乖離率をプロットしたものです。景気循環上，失業者数と欠員数は逆の動きをしていることがわかります。相関係数は－0.85 と，2 つの系列は密接に連動しています。失業者数と欠員数の間の負の相関関係はベバリッジ曲線もしくは UV 曲線としてよく知られていますが，これについては後で詳しく説明をします。

労働市場の逼迫度を表す指標に欠員・失業比率（vacancy-unemployment ratio）と呼ばれるものがあります。これは欠員数を失業者数で割ったものです。すでに見たように欠員数は順循環的であり，失業者数は反循環的なので，欠員・失業比率は順循環的となります。

● 離職率と就職率

　第 5 章で説明したように，失業者数は失業へのインフローと失業からのア

図 10-9　失業者数と欠員数のトレンドからの乖離率

ウトフローによって決定されます。失業のインフローとアウトフローを決定する重要なものに離職率と就職率があります。景気循環上，離職率と就職率がどのように変動するかを見ていきましょう。

図 10-10 は離職率と実質 GDP の循環的成分をプロットしたものです。離職率は反循環的であることがわかります。つまり，好況期には離職率は低下し，不況期には上昇します。離職率の上昇（低下）は失業者数を増やす（減らす）ので，離職率が反循環的であることは失業者数が反循環的であることと整合的です。また，離職率の変動は実質 GDP の変動と比べて大きいことがわかります。標準偏差を計算してみると，離職率の変動は実質 GDP 変動の約 3.5 倍となっています。離職率は実質 GDP に遅れて変化するので，遅行変数です。

次に就職率の循環的な動きを見てみましょう。図 10-11 から就職率は順循環的であることがわかります。実質 GDP との相関係数は 0.33 となっています。離職率と同じように，就職率の変動は実質 GDP の変動よりも大きく，その標準偏差は実質 GDP の約 2.6 倍となっています。また，就職率は実質 GDP に遅れて変化しており，遅行変数であるといえます。

図 10-10 実質 GDP と離職率

図 10-11 実質 GDP と就職率

10.3 労働市場の循環的性質

10.4 労働時間

　労働力は労働者数のみならず労働時間にも依存するため，労働時間の循環的な動きを知ることは景気循環上の労働市場の動きを捉える上で重要です。はじめに，全ての労働投入量を表す総労働時間の循環的な動きを調べることにします。通常，総労働時間は1人当たりの労働時間に労働者数を掛けたものとして定義されますが，ここでは雇用者数を労働力人口で割ったものを労働者数とみなして使用します。つまり，

$$総労働時間 = 1人当たり労働時間 \times \frac{雇用者数}{労働力人口}$$

となります。

　図 10-12 は総労働時間と実質 GDP のトレンドからの乖離率を示したものです。総労働時間と実質 GDP が同じ方向で密接に動いていることがわかります。相関係数は 0.77 となっています。先行・遅行関係を見ると，総労働時間は実質 GDP より先に変化したり遅れて変化する傾向はなく，一致変数であるといえます。総労働時間の標準偏差は実質 GDP の標準偏差の 65.7% となっています。

　その定義からも明らかなように，総労働時間の変化は1人当たり労働時間の変化と労働者数の変化によってもたらされます。図 10-13 は総労働時間，1人当たり労働時間，そして労働者数の景気循環成分をプロットしたものです。

　総労働時間と同様に，1人当たり労働時間と労働者数が景気循環上，変動していることがわかります。1人当たり労働時間と実質 GDP の相関係数は 0.73，労働者数と実質 GDP の相関係数は 0.58 となっており，2つの系列が順循環的であることがわかります。また，1人当たりの労働時間の方が労働

図 10-12　実質 GDP と総労働時間

図 10-13　総労働時間とその内訳

者数よりも大きく変動していることがわかります。

　次に総労働時間とその内訳である1人当たり労働時間と労働者数の関係を調べましょう。総労働時間と1人当たり労働時間の相関係数は 0.95，また，総労働時間と労働者数の相関係数は 0.76 となっており，これら3つの変数

10.4　労 働 時 間

は同じ方向に動く傾向があることがわかります。これは好況期には1人当たり労働時間と労働者数の両方が増えることで総労働時間が増えるのに対し，不況期にはこれら2つの変数がともに減ることで総労働時間が減少することを意味しています。

総労働時間の変動はどの程度が1人当たり労働時間の変動によって説明され，また，どの程度が労働者数の変動によって説明されるのでしょうか？ 1人当たり労働時間と労働者数のそれぞれの変動が総労働時間の変動に与える影響はベータ値と呼ばれるものを計算することで求めることができます。

ベータ値を詳しく解説します。今，総労働時間を T，1人当たり労働時間を H，そして労働者数（＝雇用者数/労働力人口）を L で表すことにします。ここで $T = H \times L$ となりますが，これの対数をとったものを $t = h + l$ と書くことにします。この関係式から，総労働時間の分散は次のように求めることができます。

$$Var(t) = Var(h) + Var(l) + 2Cov(h, l) = Cov(t, h) + Cov(t, l)$$

ここで，$Var(a)$ は a の分散，$Cov(a, b)$ は a と b の共分散を表すものとします。この式は t の分散が t と h の共分散と t と l の共分散に分解されることを意味しています。両辺を $Var(t)$ で割ると，

$$1 = \frac{Cov(t, h)}{Var(t)} + \frac{Cov(t, l)}{Var(t)} = \beta^h + \beta^l$$

が得られます。ここで，β^h と β^l はベータ値と呼ばれ，それぞれ h と l の変動が t の変動をどの程度説明するかを測ったものです。データから β^h と β^l を計算すると，それぞれ 0.73 と 0.27 となります。つまり，総労働時間の変動のうち，約7割が1人当たり労働時間の変動によって説明されるということです。なお，同様の分析を米国のデータを用いて行うと，β^h と β^l はそれぞれ 0.21 と 0.79 となり，米国では労働者数の変化が総労働時間の変化に大きく寄与していることがわかります。

この結果から推察されることのひとつは企業の雇用調整の仕方が国によって大きく異なるということです。好況期には生産を増やすため企業は多くの労働力を必要とするのに対し，不況期には企業は労働力を減らそうとします。企業が雇用を調整する際には，その雇用者数を変化させるか，雇用者1人当たりの労働時間を変化させるか，あるいはその両方です。日本では総労働時間変動の約7割が1人当たり労働時間の変動によって説明されるという事実は，日本では労働時間による雇用調整が重要であることを意味しています。これに対して，米国では労働者数による雇用調整が重要となっています。

■ 10.5　実質賃金の循環的動き

　労働市場において労働力と並んで重要な変数は実質賃金です。実質賃金は賃金の購買力を表し，名目賃金を物価水準で割ったものです。実質賃金の循環的な性質については経済学において多くの議論がなされてきています。

　経済理論では実質賃金の循環的な動きについて相反する2つの見解があります。ひとつはケインズ経済学によるもので，実質賃金は反循環的だとします。この理論では名目賃金が短期的には硬直的であると考えます。景気が良くなると物価が上昇しますが，名目賃金が硬直的だと実質賃金は下がることになります。実質賃金の低下により，企業は雇用を拡大し，その結果，生産量が増大します。このように，ケインズ経済学では好況期には雇用，生産は増えるのに対して，実質賃金は低下すると考えます。

　これに対して，新古典派経済学では実質賃金は順循環的であるとします。この結論は，景気変動を説明する理論であるリアル・ビジネス・サイクルモデルから得られます。標準的なリアル・ビジネス・サイクルモデルでは，景気変動は生産性を変化させる「ショック」によって引き起こされるとします。ショックにより生産性が上昇すれば，労働需要が増え，実質賃金は高くなり

図 10-14　実質賃金と実質ＧＤＰ

ます。すると労働供給が増え，雇用と生産が拡大します。つまり，好況期には生産量，雇用，実質賃金はともに増加することになるのです。

このように理論的には実質賃金は順循環的にも反循環的にもなりえます。では，実際にデータではどうなっているのでしょうか？ 経済学では，ジョン・メイナード・ケインズがその著書『一般理論』において「雇用の増大は実質賃金率の低下に伴って生じる」と論じて以来，実質賃金の循環的な動きについての実証分析が行われています。実質賃金の循環的な動きは，使用するデータの種類や期間，名目賃金を実質賃金に変換するデフレータの種類などに依存することが知られています。また，主に米国を対象としたこれまでの研究の一般的な結論は，実質賃金はほぼ非循環的，あるいはわずかに順循環的であるというものです。日本の実質賃金の循環的な動きはどうなっているのでしょうか？ 図 10-14 は日本の実質賃金と実質 GDP のトレンドからの乖離率を示したものです。相関係数は 0.09 となっており，実質賃金はわずかに順循環的であるといえます。

■ 10.6 景気循環と労働市場モデル

　データが示す労働市場の循環的特質はどのように説明することができるのでしょうか？ここでは景気循環上の労働市場の動きを説明するモデルを紹介しましょう。

　景気循環上の労働市場の重要な動きのひとつに，好況時には企業による求人が増え，失業は低下するのに対して，不況時には欠員が減少し，失業が増加する傾向にあることがあげられます。第2章で説明した右上がりの労働供給曲線と右下がりの労働需要曲線による標準的な需要・供給モデルでは失業の存在を説明することが難しいため，景気循環上の労働市場の動きを分析するためには別の理論モデルが必要となります。そこで，近年，注目されているのがサーチ・マッチングモデルです（詳細については，第7章を参照）。

　ここでは図を用いて，サーチ・マッチングモデルがどのように景気循環上の失業と欠員の変動を説明するかを解説しましょう。サーチ・マッチングモデルにおける労働市場の均衡条件は，①失業者数と欠員数の関係を表したベバリッジ曲線と，②欠員数と失業者数の比率である労働市場の逼迫度を決定する雇用創出条件線によって構成されます。

　横軸に失業者数，縦軸に欠員数をとると，ベバリッジ曲線は右下がりとなります。これは求人数が少ないときには，仕事が見つけにくくなるため失業者数が多くなることを意味しています。一方，雇用創出条件線は右上がりの直線で描かれます。雇用創出条件線の傾きは生産性，労働者の賃金交渉力，失業保険などによって決定されます。ベバリッジ曲線と雇用創出条件線の交点がサーチ・マッチングモデルの均衡で，そこでは均衡失業者数と均衡欠員数が決定されます。

　はじめに経済が不況で，図 10-15 の点 A にいるとします。この時，失業者数は U_R，欠員数は V_R となっています。ここで，景気が良くなり，経済の

図 10-15　サーチ・マッチングモデルにおける景気変動

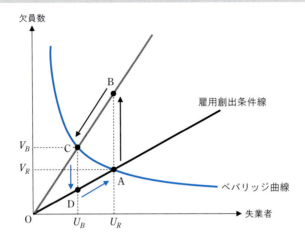

　生産性が高まったとします。生産性の上昇は雇用創出条件線の傾きを急にするのに対し，ベバリッジ曲線には影響を与えません（このメカニズムについては第 7 章を参照）。生産性が高まると，利潤を追求する企業は生産を拡大するため，求人募集を活発に行います。その結果，経済は図 10-15 の点 B に移動します。経済で求人が増えると仕事が見つけやすくなるため，失業者数は減少し，経済は新しい雇用創出条件線とベバリッジ曲線が交わる点 C に移動します。新しい均衡では失業者数は U_B，欠員数は V_B となり，不況時よりも失業者数は減り，欠員数は増えることがわかります。

　逆に，経済が好況から不況になった場合，失業や欠員はどう変化するのでしょうか？ 今，経済は好況で，点 C にいるとします。景気が悪くなり生産性が低下すると，雇用創出条件線の傾きは緩やかになります。企業は生産を縮小するため，求人募集が少なくなります。その結果，経済は点 D に移動しますが，欠員の減少により，求職者は仕事が見つかりにくくなるので，失業が増加し，最終的には経済は新しい均衡である点 A に移動します。

　モデルの結果をまとめると，

(1) 景気が良くなると，企業は生産を拡大するため，求人募集を積極的に行うので失業が低下する。
(2) 景気が悪くなると，求人募集を控えるため，求職者が仕事に就けず失業が増加する。

となります。このように，モデルは労働の需要サイドから景気循環上の失業と欠員の動きを説明していることがわかります。

このように，サーチ・マッチングモデルは景気循環上，観察される失業と欠員の動きを「定性的」に説明できます。しかしながら，経済変数の循環的性質を捉えるにはその動きのパターン（順循環的か，反循環的か，あるいは非循環的か）だけではなく，その変動の大きさも重要です。果たして，サーチ・マッチングモデルは失業や欠員の変動の大きさも説明できているのでしょうか？残念ながら，答えはノーです。標準的なサーチ・マッチングモデルは実際にデータで観察される失業，欠員，およびその比率である労働市場の逼迫度の変動のごく一部しか説明できないことが知られています。これはサーチ・マッチングモデルの**失業変動パズル**（unemployment volatility puzzle）といわれています。

■コラム　リアル・ビジネス・サイクルモデル

　マクロ経済学で景気変動を分析する代表的な理論にリアル・ビジネス・サイクル（RBC）モデルと呼ばれるものがあります。RBCモデルはマクロ経済学の最適成長モデルに確率的な生産性ショックを加えたもので，1980年代初頭にフィン・キドランドとエドワード・プレスコットによって展開され，2人はこの分野における貢献を称えられて2004年のノーベル経済学賞を受賞しました。RBCモデルでは景気変動が生産性ショックによって発生すると考え，生産性ショックに対して合理的な期待形成を行う経済主体がどのように行動するかをシミュレーションの手法で数量的に分析します。モデルは実際の景気変動における主要な事実を定性的かつ定量的に再現することができるものの，いくつか欠点もあることが知られています。基本的なRBCモデルでは失業が説明できなかったり，実質賃金の循環変動を捉えることができないなど，労働市場の変動を説明することに問題がありますが，様々な解決法も提示されています。最近では，RBCモデルとサーチ・マッチングモデルを融合させることで，景気変動と労働市場の関係を分析する研究も行われています。

◆**Review Exercises**

1. 経済変数の景気循環部分とは何か説明しなさい。
2. 経済変数が「順循環的」および「反循環的」とは何か説明しなさい。
3. 失業率の循環的な動きについて説明しなさい。
4. 実質賃金の循環的な動きについて説明しなさい。
5. 日本における景気循環上の労働時間の動きの特徴を述べなさい。

第 11 章

雇用創出と消失

■ **Introduction**

就業者数や失業率などの変化はその背後にある雇用機会の増減と密接に関連しています。労働市場の状況を的確に把握するためには，新しい雇用機会がどこで，どの程度創られているのか，また，既存の雇用機会がどこで，どの程度失われているかを理解する必要があります。経済全体の雇用変動を個々の事業所レベルでの雇用増減に注目して分析する手法として，「雇用創出・消失分析」があります。雇用創出・消失分析は 1990 年代に登場したもので，労働研究や雇用政策に大きな影響を与えています。本章では，雇用創出・消失について学びます。

経済の重要な特徴として，マクロ全体での雇用の純増減が小さい状況でも，その背後には多くの雇用機会の創出と消失が同時に発生しているということがあげられます。例えば，米国の場合，労働市場が好調だった 2005 年 9 月から 12 月の間，職の数は 60 万増加しましたが，この数字の背後には 800 万の新しい職の創出と 740 万の職の消失という多くの雇用機会の変化が隠されています。このような労働市場の姿は，残念ながら，雇用者数の増減や失業率の変化などのマクロ経済統計のみを見ているだけでは捉えられません。

マクロ経済統計の背後に隠された労働市場における企業や個人の様々な経験を分析するために 1990 年代初頭に登場したのが雇用創出・消失分析です。雇用創出・消失分析は経済学者のスティーブ・デービスとジョン・ハルティワンガーによる研究に端を発しています。

雇用創出・消失分析は経済全体の雇用変動を個々の事業所の雇用増減に注目して考察するもので，労働需要側に力点を置いています。具体的には，雇

用創出・消失分析では，経済全体の雇用変動を捉えるために，雇用創出が既存企業によるものなのか，あるいは新規企業によるものなのかに分け，また，雇用消失を企業の縮小によるものなのか，あるいは，企業の廃業によるものなのかに分け，それぞれの要因を分析します。

■ 11.1　雇用創出・消失の定義

雇用機会（ジョブ）が新たに生み出されることを**雇用創出**（ジョブ・クリエイション），既存の雇用機会が失われることを**雇用消失**（ジョブ・ディストラクション）といいます。デービスやハルティワンガー等の一連の研究では雇用創出・消失は次のように定義されています。

> **定義 1**　t 時点の（グロス）ジョブ・クリエイションは，$t-1$ 時点から t 時点にかけての雇用者数の拡大分，もしくは新設された事業所における雇用者数の増加分である。
>
> **定義 2**　t 時点の（グロス）ジョブ・ディストラクションは，$t-1$ 時点から t 時点にかけての雇用者の減少分，もしくは閉鎖された事業所における雇用者数の減少分である。

雇用創出・消失の定義は図を用いるとわかりやすいと思います。図 11-1 は $t-1$ 時点と t 時点の雇用者数を比較したものです。$t-1$ 時点には 4 つの事業所（X, Y, Z, D）が存在しています。

図に見るように，$t-1$ 時点から t 時点にかけて，事業所 X はその雇用者数を増やし，事業所 Z はその雇用者数を減らしています。また，事業所 D は閉鎖され，事業所 C が新設されます。

図 11-1 雇用創出・消失の定義

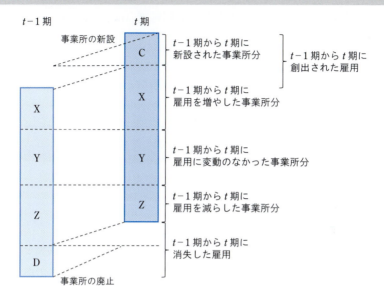

　この結果，ジョブ・クリエイションは事業所 X と C での雇用者数の増分，ジョブ・ディストラクションは事業所 Z と事業所 D での雇用者数の減少分となります。

　雇用創出・消失分析では労働者 1 人当たりの雇用機会の変動を表す指標として**雇用創出率**と**雇用消失率**に注目します。それらは雇用創出と消失をそれぞれ雇用者数で割ったものとして定義されます。つまり，

$$雇用創出率 = \frac{雇用創出}{雇用者数}$$

$$雇用消失率 = \frac{雇用消失}{雇用者数}$$

となります。

　雇用創出や雇用消失が雇用機会の「グロスの変化」を捉えるのに対して，

雇用機会が全体で正味どの程度，拡大もしくは縮小したのかという雇用機会の「ネットの変化」を表すものとして雇用純増（net creation）があります。雇用純増は次のように定義されます。

> **定義 3** t 時点の雇用純増は，t 時点の雇用者数と $t-1$ 時点の雇用者数の差である。

雇用純増を雇用者数で割ると雇用純増率が求められます。雇用純増率と雇用創出率および雇用消失率の間には次の関係が成り立っています。

$$雇用純増率 = 雇用創出率 - 雇用消失率$$

この関係式は雇用創出率および雇用消失率を見ることが，雇用変動を捉える上で重要であることを示しています。例えば，雇用純増率が2%であったとします。これは雇用創出率3%と雇用消失率1%によって得られた数字かもしれませんし，あるいは雇用創出率26%と雇用消失率24%によって得られた数字かもしれません。雇用純増率が同じであっても前者と後者ではその背後にある雇用機会の動きは大きく異なります。雇用純増率だけを見ていては，このような経済の違いは捉えられません。

また，雇用創出と消失の和は雇用機会の再分配（job reallocation）と呼ばれます。これを雇用者数で割ったものが雇用再分配率であり，次の関係式を満たします。

$$雇用再分配率 = 雇用創出率 + 雇用消失率$$

雇用再配分率は，経済全体での労働力の再配分の度合いを表す指標です。この指標は経済の成長分野と衰退分野が同時に発生し，経済の構造転換が活発になるほど大きくなります。

■ 11.2　雇用創出と消失の特性

　ここではデータで観察される雇用創出と雇用消失に関する事実を紹介することにします。米国製造業を調査対象としたデービスらの研究では雇用創出・消失に関して次の4つの事実を発見しています。

　第一は雇用創出と消失の大きさに関するものです。経済全体で見た時の雇用の純増減はそれほど大きくはありませんが，その背後には膨大な雇用創出と雇用消失が同時発生しているというものです。具体的には1973年から88年にかけての米国製造業の雇用純増率は平均 −1.1％でしたが，雇用創出率と雇用消失率の平均はそれぞれ9.1％と10.3％と高い水準にありました。これは雇用者100人に対して，一年間で新たに9人分の仕事が創出され，同時に10人分の仕事が失われていたことを意味しています。

　第二は雇用創出と消失の持続性の高さに関するものです。雇用機会の創出・消失は一時的なものかもしれませんし，永続的なものかもしれません。新たに生み出された雇用機会のうち，どのくらいがその後も維持され続けるのでしょうか？　あるいは，失われた雇用機会のうち，その後，回復が見られないものはどのくらいあるのでしょうか？　これらを知るためには雇用創出・消失の持続性を調べる必要があります。デービスらの研究によると，雇用創出の約70％は1年後，約55％は2年後にも維持され，雇用消失の約8割は1年後，約7割が2年後にも失われたままとなっています。

　第三は雇用創出や消失が一部の事業所に集中して発生しているという事実です。雇用創出や雇用消失の3分の2は一年間にその雇用機会を25％以上，拡大もしくは縮小した事業所で発生しています。これは雇用創出や雇用消失が経済全体で一様に発生しているものではないことを意味しています。また，雇用創出の約15％は事業所の新設によるものであり，雇用消失の約25％が事業所の閉鎖によるという事実は，事業所の参入・退出が雇用創出・消失に

与える影響が大きいことを示しています。

　第四は雇用創出と消失の循環的特性に関するものです。好況期には雇用創出は拡大，雇用消失は縮小するのに対して，不況期には雇用創出は縮小，雇用消失が増加する傾向にあります。ただし，景気変動に対する雇用創出・消失の感応度には差があり，雇用消失の方が雇用創出よりも景気に感応的です。特に，不況期には雇用創出の減少はマイルドなものであるのに対して，雇用消失の増加が大きいことが指摘されています。

■ 11.3　日本の雇用創出・消失

　デービスとハルティワンガー等の研究を受けて，1990年代後半以降，日本でも雇用創出・消失に関する研究が行われています。また，最近では厚生労働省も雇用創出・消失率を毎年公表するようになりました。ここでは既存研究の結果や公表データをもとに，日本の雇用創出と消失の特徴を見ることにします。

　表11-1には日本の雇用創出率・雇用消失率とともに，代表的な研究結果に基づき諸外国の数値も示してあります。日本における既存事業所の雇用創出率や消失率を見ると，1989年から2008年間の平均はそれぞれ3.9％と4.2％となっています。同期間の雇用純増率は−0.3％であり，米国同様，日本においても雇用創出率・消失率が雇用純増率よりもはるかに大きいことがわかります。雇用純増率はその背後にある雇用創出と消失を相殺した形で計算されるため，ネットの変化である雇用純増率はグロスの変化である雇用創出・消失率と比較して小さくなる傾向にありますが，それでも雇用創出・消失率が雇用純増率の10倍以上になっているのは特筆すべき点です。

　また，事業所の新設や廃止に伴う雇用創出・消失を含めたデータによると，2005年から2014年の雇用創出率と消失率の平均はそれぞれ6.1％と6.8％と

表 11-1　各国の雇用創出・消失率

国　名	調査期間（年）	雇用創出率	雇用消失率	雇用純増減率	雇用再分配率
日本	1989–2008	3.9	4.2	−0.3	8.1
	2005–2014	6.1	6.8	−0.7	12.9
米国	1988–1997	12.5	10.0	2.5	22.5
英国	1980–1998	11.5	12.6	−1.1	24.2
ドイツ	1977–1999	8.4	7.1	1.3	15.5
イタリア	1986–1994	12.3	10.2	2.1	22.5
スウェーデン	1997–2003	8.1	7.3	0.8	15.5
ブラジル	1996–2001	16.1	12.9	3.2	29.0
メキシコ	1985–2001	16.9	12.0	4.9	28.9
フィンランド	1988–1998	13.8	14.0	−0.2	27.8

なっています。事業所の新設による雇用創出率は 2.5％，廃止による雇用消失率は 2.1％となっており，事業所の参入・退出が雇用の創出・消失に大きな影響を与えていることがわかります。

　次に，日本と諸外国の雇用創出・消失率を比べてみましょう。雇用創出・消失に関する統計は国によって異なっており，同じ尺度で比較されていない点には注意が必要ですが，日本の雇用創出率と消失率は他の国と比べて低く，その結果，雇用再分配率も低くなっていることがわかります。

　国によって雇用創出や消失のレベルが異なることの理由としては，雇用システム，制度・政策などの違いがあげられます。例えば，解雇規制の違いが雇用創出率と消失率に影響することはよく知られています。また，日本の雇用創出率と消失率が他国と比較して低い理由のひとつとしては，日本企業の人材育成を重視した雇用システムがあげられます。

　雇用創出・消失の持続性については，日本における雇用創出・消失研究の第一人者である東京大学玄田有史教授が，雇用創出の 6 割弱は 2 年後にも維持され，雇用消失も 8 割近くが 2 年後にも失われたままであることを示しています。また，雇用創出の持続率は日本と諸外国で大きな差はないものの，日本の特徴として雇用消失の持続性が高いことが指摘されています。

　雇用創出・消失は時間を通じてどのように変化しているのでしょうか。図

図 11-2　雇用創出・消失の推移

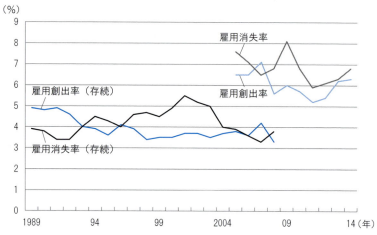

出所：玄田有史（2004）『ジョブ・クリエイション』日本経済新聞社，照山博司・玄田有史（2010）「1990年代後半から2000年代前半の雇用深刻化に関する検証」樋口美雄編『労働市場と所得分配』慶應義塾大学出版会，労働政策研究・研修機構（2011）「雇用創出指標・雇用消失指標」（資料シリーズ No.95）および厚生労働省「雇用動向調査結果の概況」より作成。

11-2 は雇用創出率と消失率の推移を示したものです。雇用創出率は1980年代末から90年代初頭には5％近くで推移していましたが，その後，趨勢的に低下していきます。不況が深刻化した90年代末から2000年代半ばには3％台で低迷を続けていました。2007年には一時的にその水準は上昇したものの，翌年，世界金融危機の影響を受け再び低下します。2011年以降，雇用創出率は再び上昇しています。

一方，雇用消失率は1980年代末から90年代初頭には3％台で推移しており，雇用創出率を下回っていました。しかしながら，その後，上昇し続け，2001年には遂に5.5％という高水準に達します。この雇用消失の拡大が，翌2002年に完全失業率が史上最高の5.4％を記録することにつながったと考えられています。その後，雇用消失率の低下に伴い雇用情勢も緩やかに改善していきますが，リーマン・ショックの影響を受け，2008-09年には再び雇用消失率は大きく上昇しています。

11.4 雇用変動とショック

　ここまで見てきた雇用変動は何によってもたらされているのでしょうか？雇用変動をもたらす原動力としては
① マクロショック
② 部門間ショック
③ 個別企業ショック

の3つがあげられます。

　マクロショックとは経済全体に影響を及ぼすショックであり，例として金融政策による利子率の変化，為替レートの変動，消費税率の変化などがあげられます。部門間ショックとは特定の産業，地域，企業規模などに固有なショックのことをいいます。個別企業ショックとは個々の企業や事業所に固有のショックのことです。

　雇用変動がどのショックによってもたらされているかを突き止めることは政策的に重要です。もし雇用変動の多くがマクロショックによるものであれば，公共投資や減税といった財政政策や金融政策など，経済全体に向けたマクロ経済政策が重要になります。また，雇用変動の多くが部門別ショックによるものであれば，特定の産業を支援する産業政策や中小企業支援策などが重要となります。

　デービスとハルティワンガーらは米国製造業において，その雇用変動をもたらしているものはマクロショックでも部門間ショックでもなく，個別企業ショックであることを明らかにしています。これは，同時点で産業，規模が同じ企業であっても，雇用を拡大するものもあれば，逆に雇用を減らすものもあるということを意味しています。

　日本の雇用変動はどのような経済ショックによるものなのでしょうか？これまでの研究によると，1990年代の存続事業所における常用雇用者に関

する雇用創出や雇用消失はマクロショックによって規定されていた面が強いと考えられています。しかしながら，事業所の開廃に伴う雇用変動やパートタイム労働者に関する雇用変動についてはマクロショックが支配的であるという可能性が低いことも知られています。また，1990年代後半から2000年代前半にかけては，雇用創出・消失が一部の事業所に集中する傾向が見られ，個別企業ショックが重要であるといえそうです。

■ 11.5 景気循環と雇用創出・消失

　雇用創出・消失の時系列データからそれらが景気循環上，どのように変動するかを調べましょう。経済変数の循環的性質を調べる際には，その変動のパターンと大きさを見ることが重要です。デービスらの研究によると，米国製造業では好況期には雇用創出が拡大し，不況期には雇用消失が増える傾向にあります。つまり，雇用創出は順循環的であり，雇用消失は反循環的であるといえます（経済変数が順循環的あるいは反循環的であることの意味については第10章を参照）。また，景気変動に対して，雇用消失の方が雇用創出よりも感応的だとされています。

　翻って，日本における雇用創出と消失の循環的性質はどうなっているのでしょうか？　残念ながら，景気循環上の特性を厳密に議論できるほど，日本では雇用創出・消失の時系列データは十分に蓄積されていません。しかしながら，データに制約があるものの，これまでの研究によれば，日本においても雇用創出は順循環的，雇用消失は反循環的となっています。ただし，雇用創出と雇用消失の景気感応度は米国と異なり，雇用創出の方が雇用消失よりも感応的であるとされています。

　今，実質GDP成長率を景気変動の指標として，雇用創出率，消失率の循環的特性を調べてみましょう。図 11-3 には1989年から2008年における，

図 11-3 実質 GDP 成長率と雇用創出・消失率

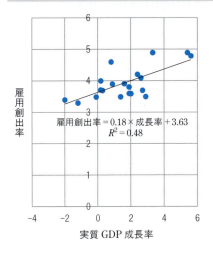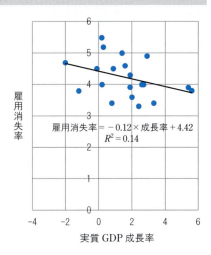

　日本の実質 GDP 成長率と雇用創出率，実質 GDP 成長率と雇用消失率の関係がそれぞれ示されています。実質 GDP 成長率と雇用創出率の間には正の関係があるのに対して，実質 GDP 成長率と雇用消失率の間には負の関係があることがわかります。この結果は，雇用創出は順循環的，雇用消失は反循環的という既存研究の結果と整合的です。また，近似式（回帰直線）の傾きから，雇用創出率の方が雇用消失率よりも実質 GDP 成長率の変化に大きく反応することがわかります。これは雇用創出率が雇用消失率よりも景気感応的であることを意味しています。

■コラム　貿易は雇用を消失させるのか

　ヒト，モノ・サービス，カネ，情報が国境や地域を越えて行き交うグローバル化が進展しています。この 30 年間で世界の経済規模は約 6 倍，貿易量は約 10 倍に膨らみました。そのような中，グローバル化が雇用に与える影響への関心が高まっています。政策当局者間やメディアなどでは国際貿易は国内の雇用機会を奪い，失業を増加させるという懸念が強まっています。実際，1990 年以降，米国新聞誌 New York Times では，北米自由貿易協定（NAFTA）に関する 275 の記事のうち，147 の記事が NAFTA の結果，米国の雇用が失われるというものでした。

経済学では貿易と雇用の関係はどのように考えられているのでしょうか？　一般的な貿易理論では，完全雇用を仮定します。つまり，失業は存在しません。ゆえに，貿易政策の変更は失業率には影響を与えないことになります。標準的な貿易理論では雇用量や失業率は他のマクロ経済変数によって決定され，貿易からは影響を受けないというスタンスをとっています。しかしながら，近年，失業を分析する標準的手法であるサーチ・マッチングモデル（第 7 章参照）を用いて貿易と雇用の関係を分析する研究が進展しており，それらによると，自由貿易は理論的に失業を増やしも減らしもすることがわかっています。

　実際に，貿易は失業にどのような影響を与えるのでしょうか？　いくつかのパネルデータを用いた実証研究は自由貿易が失業を低下させることを示しています。

　これに対して，貿易は雇用機会を奪うという研究もあります。中でも，中国からの輸入増大が米国製造業の衰退を助長し，雇用消失をもたらしたとする研究が有名です。マサチューセッツ工科大学のデイヴィッド・オウター教授らの研究によれば，中国からの輸入拡大によって，1990 年から 2007 年に輸入品と競合する産業が立地する地域において，失業増大，労働参加率の低下，賃金低下という現象が生じたとされています。この現象は「チャイナ・シンドローム」と呼ばれています。オウター教授らの分析によると，米国製造業の雇用減少の 4 割強が中国からの輸入増大によって説明されます。

　ただし，これらの研究結果から貿易が雇用機会を減少させると判断するのは性急すぎるといえます。たしかに，中国からの輸入拡大が米国製造業の雇用消失をもたらしたことは否定できませんが，米国製造業の雇用減少にはそれ以外の要因も存在します。それは技術革新です。情報技術の利用が拡大し，機械が工場に導入されることで，労働者の雇用機会が狭まっているのです。実際，米国の製造業では雇用者が減少しているにも関わらず，その生産量は増加傾向にあることが観察されていることからも，技術革新が製造業に与えている影響の大きさがわかります。

◆Review Exercises

1. 雇用創出・消失分析とは何かを説明しなさい。
2. 雇用創出率および雇用消失率とは何かを説明しなさい。
3. 雇用変動をもたらすショックを述べなさい。
4. 雇用創出率と消失率が景気循環上，どのような動きをするのかを説明しなさい。

第 12 章

労働力フロー分析

■ **Introduction**

労働市場では常に人の動きがあります。学校卒業後，新たに社会人になる人もいれば，定年を迎える人もいます。また，育児や介護のために仕事を辞める人もいます。さらには転職で企業間を移動する労働者もいます。このような労働者の動きを解明することは労働市場を理解する上でも，また，望ましい雇用政策を考える上でも重要です。この章では労働市場で，人々がどのようにその就業状態を変化させているかを分析するツールである労働市場のフロー分析を学ぶことにしましょう。

労働市場には就業している人，失業状態で仕事を探している人，そして仕事をする意思を持たない非労働力状態にある人がいます。彼らはその状態にずっととどまっているわけではなく，その就業状態を変化させています。例えば，毎年春になると高校・大学を卒業した多くの人が就職しますが，これは彼らが学生という非労働力状態から就業状態に移動することを意味しています。

また，同時期に定年退職で仕事を辞める人もいますが，彼らのステータスは就業状態から非労働力状態になります。このように，労働市場では常に労働者の動きがあります。

労働者が労働市場の3つの状態間（就業状態，失業状態，非労働力状態）をどのように移動しているかを分析するものが労働市場のフロー分析です。労働市場のフロー分析は，近年，欧米諸国で雇用や失業変動を分析する際に用いられているもので，雇用政策を考える際にも有益な手法です。この章ではこの労働市場のフロー分析を解説します。

12.1 フローとストック

経済学では，フローとストックという2種類の変数を区別して考えます。フローとストックの概念を理解するには，水を例にするとわかりやすいと思います。図12-1を見てください。蛇口から水がプールに流れ込んでいると同時に，排水溝から流れ出ています。これらの水の流れがフローです。一方，プールに溜まっている水量はストックになります。フローとは一定時間当たりで測られた数量を指し，ストックとはある一時点において測られた数量を指します。

フローとストックを区別することは労働市場を分析する際に重要です。プールの例を労働市場に当てはめてみましょう。プールの水量を失業者の数とすれば，蛇口からプールに流れ込んでくる水量は新たに失業状態になった人の数，排水溝から出て行く水量は新たに失業状態を脱した人の数となります。

図12-1　フローとストック

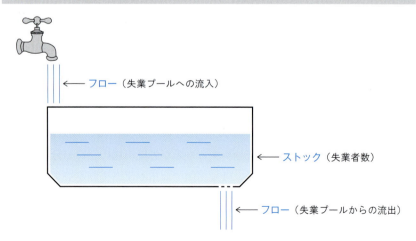

今，失業プールの水量が増えた，つまり失業者が増加したとしましょう。これは労働者が失業プールに流入する確率が上昇すること，もしくは労働者がプールから流出する確率が低下すること，あるいはその両方が同時に起こることによってもたらされます。

このようにストック変数である失業者数や失業率の変動の要因を探るには，その背後にある労働者フローの変動を分析することが不可欠となります。また，労働力フローの動きを分析することは適切な経済政策を考えるためにも重要です。今，失業者の増加が失業プールから流出する確率が低下することによってもたらされているとします。この時，失業を低下させるために必要なのは労働者が失業しにくくなるような政策ではなく，失業者の就職確率を高める政策です。ストックである失業者数だけに注目していたのでは，このような政策的含意を得ることはできません。

■ 12.2 労働力フローデータ

労働市場における人々の状態は次の3つのいずれかになります。(1) 仕事をしている就業状態，(2) 仕事を探している失業状態，そして，(3) 仕事をする意思を持たず仕事をしていない非労働力状態です。

仕事を探す主婦は失業者ですが，パートを始めれば就業者になります。また，定年退職し，次の仕事を探さない人は就業者から非労働力者となります。このように3つの状態の間を移動する労働者数を労働力フローと呼びます。

就業，失業，非労働力状態にある労働者数をそれぞれ，E_t, U_t, N_t で表すことにします。ここで添え字の t は時点を表しており，E, U, N はストックの変数です。なお，15歳以上人口は $E+U+N$，労働力人口は $E+U$ となります。

各状態間の労働力フローは英文字を2つ並べて表現します。例えば，時点

表 12-1 労働力フロー表

		前期（$t-1$）の状態		
		就業 E_{t-1}	失業 U_{t-1}	非労働力 N_{t-1}
今期（t）の状態	就業 E_t	EE_t	UE_t	NE_t
	失業 U_t	EU_t	UU_t	NU_t
	非労働力 N_t	EN_t	UN_t	NN_t

$t-1$に就業状態にあり，時点tに失業状態へと移動した労働力フローはEU_tと表します。2つ並んだ英文字の，1文字目は移動元の状態，2文字目は移動先の状態を指しています。表 12-1 は労働力フローをまとめたもので，**労働力フロー表**と呼ばれます。

フロー表に示される3×3の英文字の組み合わせは労働力フローを表し，外縁に書かれているのがストックです。E_{t-1}，U_{t-1}，N_{t-1}はそれぞれ前期（$t-1$期）の，E_t，U_t，N_tはそれぞれ今期（t期）の就業者数，失業者数，非労働力者数を表しています。

フロー表の横の行を足すと今期のストックとなります。例えば，1行目にあるEE_t，UE_t，NE_tは今期に就業状態となった労働力フローで，その合計はマトリックスの左縁にあるt期の就業者数となります。これを数式で表すと，$EE_t + UE_t + NE_t = E_t$となります。また，フロー表の縦の列を足すと，$t-1$期のストックとなります。例えば，1列目にあるEE_t，EU_t，EN_tの合計は$t-1$期の就業者数E_{t-1}となります。

12.3 日本の労働力フロー

実際の労働力フローデータを見てみましょう。図 12-2 は日本の労働力フローの構造を示したものです。これは総務省統計局「労働力調査」の月次

図 12-2　日本の労働力フロー

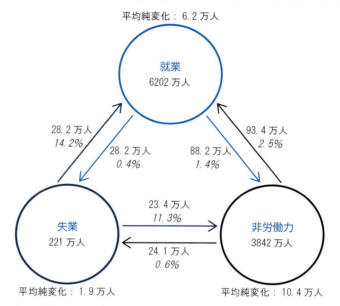

出所：Lin, C.-Y. and Miyamoto, H.（2012）"Gross Worker Flows and Unemployment Dynamics in Japan", *Journal of the Japanese and International Economies*, 26(1), pp.44–61.

データを 1980 年から 2009 年まで集計することで作成しています。

　図 12-2 のサークルは就業，失業，そして非労働力のプールを表し，矢印は労働力フローを表しています。サークルの中の数字はそれぞれの状態に所属する人数を，矢印の横の数字は 1 ヶ月の間に状態間を移動する人数を示しています。なお，これらの数字はサンプル期間の平均値です。

　まずは各状態の人数を見ます。就業者数，失業者数，そして非労働力者数の平均はそれぞれ 6202 万人，221 万人，3842 万人となっています。

　次に労働力フローの動きを見ましょう。最も大きなフローの動きは就業・非労働力状態間に見られます。1980 年から 2009 年の 30 年間では，毎月平均 93.4 万人が非労働力状態から就業状態に移動していることがわかります。

12.3　日本の労働力フロー　●217

また，88.2万人が就業状態から非労働力状態に移動しています。

失業・就業状態間の労働力フローを見ると，失業からの流出と流入はともに28.2万人となっています。また，失業・非労働力間のフローを見ると，非労働力から失業へのフローが24.1万人，失業から非労働力へのフローが23.4万人となっており，非労働力からの純流入が約7千人分発生しているのがわかります。

就業・非労働力間のフローは就業・失業間のフローよりもかなり大きいことがわかります。非労働力から就業へのフローは失業から就業へのフローの3倍以上になっており，これは非労働力が労働供給の重要な源泉となっていることを意味しています。

ここで，就業・失業間のフロー（EUフロー，UEフロー），就業・非労働力間のフロー（ENフロー，NEフロー），失業・非労働力間のフロー（UNフロー，NUフロー）を合計すると約286万人となります。これは生産年齢人口の約3%にあたります。つまり，日本では1980年から2009年までの間，毎月，労働市場に属する人の3%がその労働力状態を変えているということです。なお，同期間に米国では毎月6.5%の人が労働力状態を変えており，この点で日本の労働市場は米国と比べて硬直的であるといえます。

■ 12.4　労働力フローの推移

次に労働力フローが時間を通じてどのように変化しているかを見てみましょう。図12-3はEUフロー，UEフロー，およびそれらの差の推移を示したものです。就業・失業間のフローの動きを見ると，1990年代前半まではEUフロー，UEフローともに比較的安定しています。また，UEフローがEUフローを上回っていたのがわかります。1990年代前半まで日本の失業率が低くとどまっていた理由はここにあります。しかしながら，1990年代半

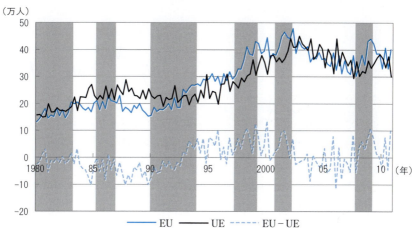

図 12-3　失業・就業間の労働力フローの推移

注：図の影で示した部分は，内閣府景気基準日付による景気後退期を示す。
出所：総務省統計局「労働力調査」より作成。

ばから EU フロー，UE フローともに大きく増加し，2000 年初めには 40 万人近くになりました。その後，両フローとも減少しますが，世界同時不況の影響を受け，2000 年代後半に再び増加しています。

1990 年代半ばから 2000 年代初頭までの特徴として EU フローが UE フローを一貫して上回っていたことがあげられます。これが 1990 年代半ば以降の失業率増加につながっています。ここで興味深いのは，失業増加の背後で，失業への流入と流出が同時に増加していたことです。つまり，1990 年代半ばからの失業増大は失業への流入の増加と流出の減少によって発生したのではなく，失業からの流出が増加している中，失業への流入の増大がそれを上回っていたため生じたのです。

図 12-4 は NU フローと UN フローおよびそれらの差の推移を示しています。失業と非労働力間のフローは，概ね失業と就業間のフローと同じ動きを示しています。1980 年代には NU フローが UN フローを一貫して上回っていましたが，1990 年代以降は逆に UN フローが NU フローを上回る傾向にあり

12.4　労働力フローの推移 ● 219

図12-4 失業・非労働力間の労働力フローの推移

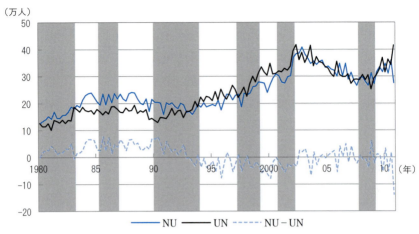

注：図の影で示した部分は，内閣府景気基準日付による景気後退期を示す。
出所：総務省統計局「労働力調査」より作成。

ます。これは，1990年代以降に失業者の非労働力化が見られ，これが失業者の増加を緩和していたことを意味しています。しかしながら，その大きさはネットの就業から失業へのフローを下回っているため，結果として失業者の増加につながっています。

　失業と非労働力間のフローには，2つの相反する重要な効果があります。ひとつは就業意欲喪失効果と呼ばれるもので，不況時に一時的に職探しや就業をあきらめ失業者から非労働力になる人が増えます。逆に景気が良くなると，職探しをあきらめていた人が職探しを始めるので，失業者になる人が増えます。もうひとつが追加的労働力効果と呼ばれるもので，不況時に非労働力から失業者へのフローが増えるというものです。これは，不況時に世帯主の所得低下を補うために，それまで非労働力であった専業主婦などが職探しを始め，失業者になるためです。

■12.5 推移確率

　労働力フローは一定期間に状態間を移動する労働者数のことです。つまり，これまでは労働力のフローの量を見てきましたが，フローの確率も計算することができます。これは労働力の推移確率と呼ばれるもので，ストックに対するフローの割合を表したものです。

　労働状態 X から Y への推移確率は $t-1$ 期の労働状態が X であった人口のうち，t 期に労働状態が Y となる人口の比率として計算されます。例えば，失業状態から就業状態への推移確率 f_t は次のように求めることができます。

$$f_t = \frac{UE_t}{U_{t-1}}$$

ここで分子は t 期に就業状態から失業状態へ移動した労働力フロー，分母は $t-1$ 期の失業者のストック数です。労働力フローとストックの関係を利用すると，上の式は労働力フローのみで次のように書き直すことができます。

$$f_t = \frac{UE_t}{UE_t + UU_t + UN_t}$$

　実際の推移確率を見てみましょう。図12-2で矢印は労働力フローを表していますが，その横にある斜字が推移確率です。失業・就業間の推移確率を見ると，失業から就業への推移確率は月平均14.2％，就業から失業への推移確率は月平均0.4％となっています。なお，前者は失業者が仕事を見つけ就業者となる確率を意味しており，就職率（job-finding rate）と呼ばれます。また，後者は就業者が職を失い失業者になる確率を表しており，離職率（separation rate）と呼ばれるものです。

　ちなみに，米国における毎月の就職率，離職率はそれぞれ25–32％，3–

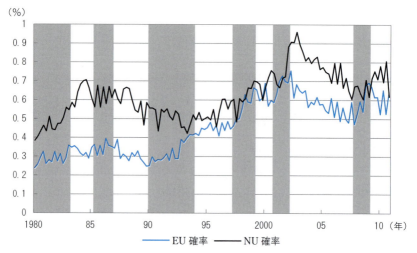

図 12-5 失業へのフロー確率の推移

注:図の影で示した部分は,内閣府景気基準日付による景気後退期を示す。
出所:総務省統計局「労働力調査」より作成。

5%となっています。米国と比較して,日本では職を失う確率がかなり低い一方で,職を見つける確率も低いことがわかります。つまり,日本では就業者は職を失いにくいものの,いったん失業すると職を見つけにくい環境にあるといえます。

図 12-5 は失業へのフロー確率(EU 確率と NU 確率)の推移が示されています。EU 確率は 1990 年代半ばまで低い水準で推移していましたが,1990 年代後半に大きく上昇しています。図の影で示した部分は景気後退期を表していますが,EU 確率は景気後退に上昇しています。これは不況時に職を失う労働者が増えるためです。2000 年代は景気回復により EU 確率は低下しましたが,2007 年以降の不況期に再び上昇しています。また,NU 確率についても EU 確率と同様の動きが観察されます。

図 12-6 は失業からのフロー確率,UE 確率と UN 確率の動向が示されています。UE 確率は 1990 年代初頭のバブル崩壊後,低下傾向にあります。バ

図 12-6 失業からのフロー確率の推移

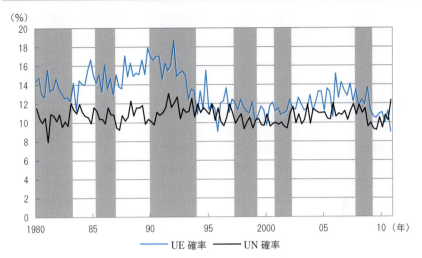

注：図の影で示した部分は，内閣府景気基準日付による景気後退期を示す。
出所：総務省統計局「労働力調査」より作成。

ブル崩壊前までの就職率の月平均は17%であるのに対して，バブル崩壊後から2007年のリーマンショック前までの平均値は14%となっています。他方，UN確率については趨勢的な動きは見られず，むしろ平均回りを安定的に変動しています。

■コラム　ジョブ・ツー・ジョブ・トランジション

「ジョブ・ツー・ジョブ・トランジション（JTJ）」と呼ばれる労働力フローがあります。これは失業を経由しない転職者のフローを表したものです。次頁の図は米国のJTJレート（転職率）の推移を示したものです。平均の転職率は月次で2.1%となっています。世界金融危機後の大不況下で転職率が大きく低下しており，転職率は景気変動と密接な関係があることを意味しています。

なお，日本の転職率は年平均で5%弱となっており，米国に比べると低い水準にあります。平均勤続年数を日米両国で比較すると，日本の11.8年に対して米国では4年半と日本の半分以下となっています。米国では学卒後に労働者は数年間転職を繰り返した後，比較的長期にわたり同一の職場で働くのが一般的です。米国労働局が2017年8月に発表した調査結果によると，1957年から64年に生まれた個人は，18歳から50歳の

12.5　推移確率　●　223

間に平均して 11.9 の仕事に就いています。また，これらの仕事のほぼ半分が 18 歳から 24 歳の時のものです。日米の転職市場の層の厚さの違いとしては様々な要因があげられますが，そのひとつに第 14 章で詳しく説明される日本的雇用慣行があげられます。終身雇用や年功賃金といった慣行のため，転職市場に流れることなく引退まで同一企業で過ごす人は少なくありません。

　これに伴い，求人・求職の仕方も日米で異なります。求人については，日本では多くの企業は毎年 4 月入社を前提に新卒をターゲットとした定期採用を行い，不定期に経験者を対象に採用を行うのに対して，米国の企業では，分け隔てなくポジションが空いたら募集をかけて補充をするというスタイルをとっています。また，採用は部署や役職別に行われます。米国国内のみならず，世界各国から優秀な人材を集めようとするので，面接は電話やスカイプなどで行うことが多いのも特徴です。

　求職については，日本では新卒一斉採用によって多くの若者が就職します。毎年，ある時期に企業合同説明会が開かれ，リクルートスーツに身を包んだ学生が大学のキャンパスや街中に溢れかえるのはお決まりの光景です。これに対して，米国では新卒一斉採用などは存在せず，即戦力が求められます。学生は在学中や卒業の前後にインターンを経験し，そのキャリアをもとに就職活動を行います。希望の職種や業界でインターンをしたことがない未経験者が採用されることは稀です。また，職種に直結した学部や学科を専攻していることが重要となります。

出所：米国労働統計局

12.6 失業フロー

　すでに見たように失業者数の変化は，失業プールへの流入および失業プールからの流出によって決定されます。これは失業フローの確率の変化が失業者数，さらには失業率の変動につながることを意味しています。

　今，話を簡単にするため，労働状態は就業と失業の2つしかないものと仮定します。つまり，非労働力状態は無視します。図 12-7 は単純化された労働力のストックとフローの関係を表したものです。さきほどと同様，図のサークルは就業と失業のプールを，矢印は労働力フローを表しています。

　ここで，興味深いのは就職率と離職率のどちらの変動の方が失業変動に大きな影響を与えているかということです。失業変動が就職率の変化によるものなのか，あるいは離職率の変化によるものなのかを数量的に調べることは学術的のみならず政策的にも重要です。例えば，不況で失業が増加した際に，それが主に離職の増加によるものであれば，失業を減らすためには離職を抑えるような政策（例えば，解雇規制を厳しくする，あるいは労働者を保蔵した企業に助成金を出すなど）が必要になります。これに対し，もし失業増加の主原因が就職率の低下であれば，就職率を高める政策（財政・金融政策などにより労働需要を高める，あるいは企業の求人コストを抑える補助金を提

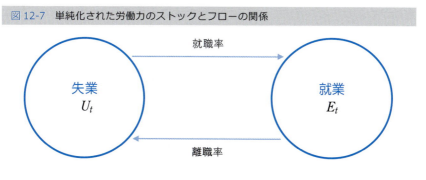

図 12-7　単純化された労働力のストックとフローの関係

表 12-2 就職率・離職率が失業変動に与える影響

国　名	就職率変動に起因する割合	離職率変動に起因する割合
オーストラリア	0.93	0.10
カナダ	0.79	0.23
フランス	0.54	0.45
ドイツ	0.56	0.47
アイルランド	0.47	0.55
イタリア	0.83	0.15
日本	0.56	0.45
ニュージーランド	0.88	0.13
ノルウェー	0.54	0.45
ポルトガル	0.68	0.32
スペイン	0.57	0.43
スウェーデン	0.50	0.51
英国	0.85	0.17
米国	0.85	0.16

出所：Elsby, M.W.L., Hobijn, B. and Şahin, A.（2013）"Unemployment Dynamics in the OECD," *The Review of Economics and Statistics*, Vol.95, No.2, pp.530–548.

供するなど）が必要となります。

　失業の変動を就職率の変動に起因するものと離職率の変動に起因するものに分ける方法に，**失業の流入・流出分析**があります。この分析手法は近年，米国や欧州諸国の失業変動を分析する際に用いられているものです。分析手法については補論で詳しく解説しますので，興味のある読者は読んでください。

　表 12-2 はこの分析手法により OECD 諸国において就職率および離職率の変動がそれぞれどの程度，失業変動を説明するかをまとめたものです。日本では失業変動の 56％が就職率の変化，45％が離職率の変化によって説明されることがわかります。なお，就職率と離職率の合計が 100％を超えるのは誤差によるものです。日本では就職率・離職率両方が失業変動に影響を与えるのに対して，英国や米国などでは就職率の変化が失業変動の大半を説明していることがわかります。

■ 補論　失業の流入・流出分析

　ここでは失業の流入・流出分析を詳しく説明します（途中までの議論は5.2 節で扱ったものとほぼ同様です）。図 12-7 に示されているように労働市場には就業と失業の 2 つの状態しかないと仮定します。

　時点 t における就業者を E_t，失業者を U_t で表すことにします。就業者と失業者を足し合わせると労働力人口 $L_t = E_t + U_t$ が得られます。今，労働力人口は一定であると仮定します。つまり，$L_t = L$ が成立しています。失業率 u_t は労働力人口に占める失業者の割合として定義されるので，

$$u_t = \frac{U_t}{L} \tag{12.1}$$

となります。

　就職率を f_t，離職率を s_t とすると，失業者数の時間を通じての変化は次のように表現できます。

$$U_{t+1} = U_t - f_t U_t + s_t E_t \tag{12.2}$$

ここで，$f_t U_t$ は今期の就職者数，つまり失業から就業へのフローで，$s_t E_t$ は今期の離職者数，つまり就業から失業へのフローを表しています。上式は来期の失業者数は今期の失業者数から就職者数を引いて，離職者数を足すことで得られることを意味しています。(12.2) 式は失業の推移方程式と呼ばれます。

　次に定常状態を考えてみましょう。定常状態とは就業から失業へのフローと失業から就業へのフローが一致する状態をいいます。これを数式で表現すると，

$$f_t U_t = s_t E_t \tag{12.3}$$

となります。(12.3) 式を (12.2) 式に代入すると，$U_{t+1} = U_t$ となり，失業者数が時間を通じて一定となることがわかります。また，$E_{t+1} = L - U_{t+1} =$

$L - U_t = E_t$ となり就業者数も時間を通じて一定になります。

（12.3）式は労働力人口の定義式を用いて次のように書き換えることができます。

$$f_t U_t = s_t (L - U_t)$$

両辺を労働力人口 L で割ると，

$$f_t u_t = s_t (1 - u_t)$$

となり，失業率に関する式になります。これを u_t について解くと

$$u_t^* = \frac{s_t}{s_t + f_t} \tag{12.4}$$

が得られます。ここで u_t^* は定常状態の失業率を表しています。

（12.4）式は失業率が就職率と離職率によって表現できることを表しています。これより定常状態の失業率は離職率の上昇，あるいは就職率の低下によって上昇することがわかります。

実際に定常状態の失業率を求めてみましょう。例えば，1980 年第 1 四半期の定常状態の失業率を計算する場合，この期の就職率と離職率が必要になります。1980 年第 1 四半期の就職率と離職率はそれぞれ 15％ と 0.3％ なので，（12.4）式から

$$u_{1980Q1}^* = \frac{s_{1980Q1}}{s_{1980Q1} + f_{1980Q1}} = \frac{0.003}{0.003 + 0.15} = 0.0196$$

となり，定常状態の失業率は 1.96％ となります。

定常状態の失業率と実際の失業率の関係を見てみましょう。1980 年第 1 四半期の実際の失業率は 1.95％ なので，定常状態の失業率は実際の失業率を上手く捉えているといえます。ここでは 1980 年第 1 四半期の定常状態の失業率を計算しましたが，同じように他の期における定常状態の失業率を計算することも可能です。

図 12-8 は 1980 年から 2010 年の実際の失業率と定常状態の失業率をプロットしたものです。実際の失業率と計算によって求められた定常状態の失業率は概ね同じような動きをしていることがわかります。

図 12-8 実際の失業率と定常状態失業率の比較

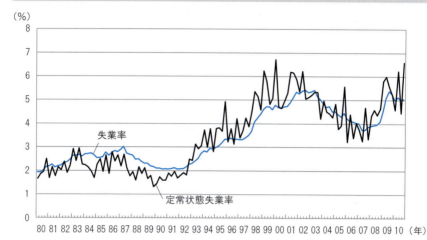

そこで，失業の流入・流出分析では就職率，離職率が失業率の変動にどのように影響するかを分析する際に，実際の失業率の代わりに定常状態における失業率を用います。(12.4)式の一階の階差をとると，

$$\Delta u_t^* = (1-u_t^*)u_{t-1}^* \frac{\Delta s_t}{s_{t-1}} - u_t^*(1-u_{t-1}^*)\frac{\Delta f_t}{f_{t-1}}$$

が得られます。ここで，$\Delta x_t = x_t - x_{t-1}$ は一階の階差を表しています。右辺の第1項は離職率が変化したことによる定常失業率の変化を表しているのに対し，第2項は就職率が変化したことによる定常失業率の変化を表しています。単純化のために，前者を $C_{s,t}^*$，後者を $C_{f,t}^*$ で表すことにします。すると，上式は次のように書き直せます。

$$\Delta u_t^* = C_{s,t}^* + C_{f,t}^*$$

最後に就職率と離職率の変化が失業率変動に与える影響を数量的に捉えるために，10.4節での議論と同じ要領でベータ値と呼ばれる

$$\beta_i = \frac{Cov(\Delta u^*, C_{i,t}^*)}{Var(\Delta u^*)}, \ i = f, s$$

補論 失業の流入・流出分析

を計算します。β_f と β_s はそれぞれ就職率の変化が失業率変動に与える影響，離職率の変化が失業率変動に与える影響を表しています。表 12-2 の数値はこれらを計算したものとなっています。

◆Review Exercises

1. 労働力のフローとストックの違いを説明しなさい。
2. 先進諸国で失業率の変動を引き起こしている主因は就職率の変動と離職率の変動のどちらか説明しなさい。
3. 雇用政策を考える際に，失業の流入・流出分析がどのように役立つかを論じなさい。
4. 表は労働力フローの推移（単位は万人）を表したものである。この表から t 期の失業率，就職率，離職率を求めなさい。

	就業者（E_{t-1}）	失業者（U_{t-1}）	非労働力（N_{t-1}）
就業者（E_t）	6050	30	80
失業者（U_t）	20	165	30
非労働力（N_t）	70	25	4200

第 13 章

制度・政策

■ Introduction

　世の中には人々が安定した雇用や生活を実現できるように様々な制度や政策が存在します。例えば，賃金の下限を法律で定めることで，労働条件の改善を図るものに最低賃金制度があります。最低賃金の上昇は低賃金労働者の賃金を上昇させるというメリットがある一方，雇用のコストを高め低賃金労働者の雇用機会を減少させるというデメリットもあります。この例が示すように，制度や政策にはプラス，マイナスの両面があり，それらの効果を分析したり，評価したりする際には注意が必要です。本章では労働市場に関する制度・政策を紹介すると同時に，それらがどのように労働市場に影響を与えるのかを考えることにしましょう。

　人々が安定した雇用や生活を実現するために労働市場には様々な制度や政策が存在しています。代表的な労働市場制度として，最低賃金制度，雇用保護，社会保障制度や税制があげられます。また，職業訓練や教育，職業紹介サービスの提供などを通じて積極的に失業者を労働市場に復帰させる積極的労働市場政策と呼ばれるものもあります。積極的労働市場政策は欧州諸国を中心に1990年代から広く実施されており，近年，日本でも注目を集めています。さらに，財政・金融政策といったマクロ経済政策も労働市場に大きな影響を与えます。

　これらの制度や政策は労働市場の現象を理解する上で非常に重要です。また，多くの制度や政策にはメリットとデメリットの両方があります。制度・政策の光と影の両側面を理解することが，その制度・政策の是非を考える上で重要となります。本章では労働市場に関する制度・政策を紹介すると同時

に，それらがどのように労働市場に影響を与えるのかを考えることにしましょう。

13.1 最低賃金制度

最低賃金制度は企業が労働者に支払わなくてはならない賃金の最低額を定めたものです。その目的は賃金の最低額を保証することで，労働条件の改善を図り，労働者の生活を安定させることです。

日本の最低賃金は，都道府県ごとに定められた「地域別最低賃金」と特定の産業を対象に定められた「特定（産業別）最低賃金」の2種類あります。「特定（産業別）最低賃金」は「地域別最低賃金」よりも高い水準に定められており，これらの両方の最低賃金が同時に適応される労働者には，企業は高い方の最低賃金を支払うことになっています。

最低賃金額は，賃金の実態調査結果などを参考に労働者代表，使用者（企業）代表，学者などの専門家で構成される最低賃金審議会で決定されます。具体的には，中央審議会が全国平均の目安を示し，その後，各都道府県が各地の水準を決定します。2016年度の地域別最低賃金の全国平均は時給823円となっています。時給が最も高いのは東京の932円，最も低いのは宮崎，沖縄の714円です。

日本の最低賃金水準は海外と比較して高いのでしょうか，それとも低いのでしょうか。図13-1は2016年の最低賃金額を国際比較したものです。欧州では時給が10ドルを超えているのに対して，日本では時給6.7ドルとなっており，日本の最低賃金水準が相対的に低いことがわかります。

最低賃金は労働市場にどのような影響を与えるのでしょうか？経済理論によると最低賃金が雇用や賃金に与える影響は市場構造によって異なります。第6章で見たように完全競争市場では，均衡賃金よりも最低賃金が低い場合

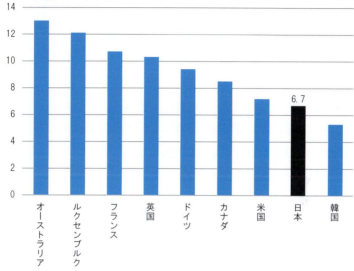

図 13-1 最低賃金（時給）の国際比較（2016 年）

出所：OECD

は，その範囲で最低賃金を上げても何の効果もありませんが，均衡賃金よりも最低賃金が高い場合には雇用が失われます。これに対して，市場が需要独占の場合，最低賃金の引き上げが雇用を増やす可能性があります。

最低賃金が雇用に与える影響を分析した実証研究は国内外に数多く存在しますが，米国を対象とした分析では，その多くが最低賃金は雇用にマイナスの影響を与えることを見出しています。しかしながら，最低賃金の引き上げが雇用量を増やすという研究結果も報告されており，いまだに結論が出ているとはいえない状況です。

ここで大事なのは，海外の研究結果がそのまま日本に当てはまるわけではないということです。最低賃金制度は国によって異なるので，日本での政策効果を議論するためには，日本のデータを用いた分析に基づく必要があります。日本を対象にした実証分析は，最低賃金の上昇は若年男性や中年女性な

どの雇用に若干のマイナス影響を与えることを示しています。

■ 13.2　失業給付

　失業保険は労働者の生活安定と就職促進を目的に失業者に対して支給されるものです。日本では雇用保険と呼ばれています。日本の雇用保険制度は労働者が失業をしたときの生活支援や再就職支援だけのものではありません。育児や介護などを理由に休業をしなくてはいけない場合も一定の条件を満たせば給付を受けることができます。

　雇用保険は国がその管理運営をしていますが，事務手続きや給付業務は各地の公共職業安定所（ハローワーク）が行っています。保険料は事業主と労働者が定められた保険料率をそれぞれ負担することになっています。また，給付制度には様々な種類がありますが，失業した際に受け取ることができるものは「基本手当」と呼ばれています。基本手当の支給額は失業前の勤務先の賃金に依存して決まります。また，基本手当を受給できる期間は雇用保険に加入していた日数，失業時の年齢，失業の理由などによって決定されます。給付期間の範囲は90日から360日となっています。

　失業保険は失業者の所得保障を通じて失業者および経済全体にプラスの効果をもたらす一方で，失業率を高めたり，失業期間を長期化させるなどのマイナスの効果があることが知られています。

　失業保険の効果としては，まず失業時の所得保障があげられます。職を失うと労働所得がなくなりますが，失業給付は失業者が生活を心配せず，新しい仕事を探すことに専念できるようにする効果があります。また，失業時の所得が保障されるため，生活のためやむなく条件の悪い仕事に就かざるを得ない状況を回避させる効果もあります。さらに，失業者の所得保障には，彼らの消費の減少を抑えることで，特に不況時にマクロ経済の底支えをすると

いう役割もあります。

　一方，失業保険にはマイナスの効果もあります。サーチ理論によると失業保険手当の拡大は失業者の求職意欲を低下させます。その結果，失業者の就職率は低下，失業期間が長期化します。これは本来，失業時の所得保障を目的とする失業保険のセーフティネットとしての性格が求職者のモラルハザードを招くためです。多くの実証研究が失業保険の拡充が失業期間を長期化させるかどうかを分析していますが，まだ結論には至っていません。失業期間を長期化させることはあっても，それほど長くはないというのが多くの見解です。

■ 13.3　解雇規制

　雇用主がその労働者を自由に解雇することを制限するものに解雇規制があります。具体例として，解雇時の割増退職金や解雇に関する手続き等の規制などがあげられます。解雇規制は解雇を抑制することで，雇用者の雇用不安を和らげる効果があり，最低賃金制度や失業保険と並んで労働者にセーフティネットを提供する政策のひとつです。

　解雇規制は労働市場にどのような影響を与えるのでしょうか？　解雇規制の効果を分析する際によく用いられるがサーチ理論です。サーチ理論では2種類の解雇規制の効果を分析することができます。ひとつは解雇予告通知や解雇手続きに関わるルールなど企業に対して実物的負担を求める解雇規制です。そして，もうひとつは解雇する労働者に対し企業が支払う割増退職金などの労使間の所得移転に関する規制です。

　解雇規制の効果はその種類に依存することがわかっています。企業に実物的負担を求める解雇規制の変化は，労働者の解雇や新規採用などの企業の意思決定に影響を与えることで経済全体の雇用に影響します。具体的には，解

雇規制の厳格化は既存労働者の雇用を守ることで，失業を減少させる効果がある一方，企業の新規採用を抑制します。これは，労働者の解雇が困難な状況では，企業が新規採用に慎重になるためです。このように，企業に実物的負担を求める解雇規制の厳格化は雇用創出・消失の両方を減少させるため，労働市場の流動性を低めますが，その結果，必ずしも失業が減ることにはなりません。

解雇規制が労使間の所得移転に関するものである場合はどうでしょうか。この場合，解雇規制の変更は企業の解雇および参入に対する意思決定に影響しないため，経済全体の雇用には影響がないことがわかっています。これは解雇費用が単なる労使間の所得移転であり，企業と労働者の雇用関係によって発生する余剰には影響を与えないためです。

次に，日本での解雇規制の実態を見てみましょう。日本では法律上「解雇自由」が原則となっています。

労働契約に対する規制は，民法の規定がまず基本にあり，それを労働基準法や労働契約法などの労働法の法律が修正するという形になっています。民法では「当事者が雇用の期間を定めなかったときは，各当事者は，いつでも解約の申入れをすることができる。この場合において，雇用は，解約の申入れの日から二週間を経過することによって終了する」（627条1項）としています。労働基準法ではこの予告期間を30日に延長しています。

このように法律上は「解雇自由」が原則となっています。しかしながら，「解雇は，客観的に合理的な理由を欠き，社会通念上相当であると認められない場合は，その権利を濫用したものとして，無効とする」という判例法理が1970年代に多くの裁判例によって確立されました。この判例法理は解雇権濫用法理と呼ばれ，2007年の労働契約法の制定に伴い，同法で定められるようになりました（16条）。

とりわけ経営不振など会社側の都合による整理解雇には

① 人員削減の必要性：どうしても人員整理を行わなければいけない経営上の理由があること。

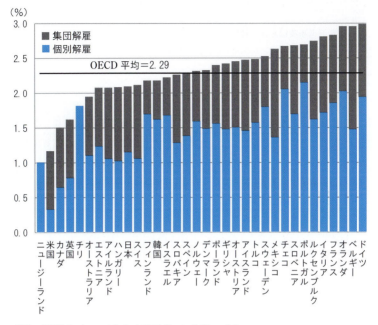

図 13-2　雇用保護指標（一般労働者）

出所：*OECD Employment Outlook 2013*, Chapter2, Figure2.6

② **解雇回避努力義務の履行**：希望退職者の募集，出向・配置転換，一時帰休の実施など，解雇を回避するためにあらゆる努力をしていること

③ **被解雇者選定の妥当性**：解雇の人選基準が合理的かつ公平であること

④ **解雇手続きの妥当性**：解雇の対象者および労働組合または労働者の過半数を代表する者と十分に協議し，整理解雇についての納得を得るための努力をしていること

という4つの条件（整理解雇の4要件）が課されており，これらの条件を満たさないと整理解雇は解雇権の濫用として無効になります。

　日本の解雇規制は厳しいものなのでしょうか，それとも緩いものなので

図 13-3　雇用保護指標（有期労働者）

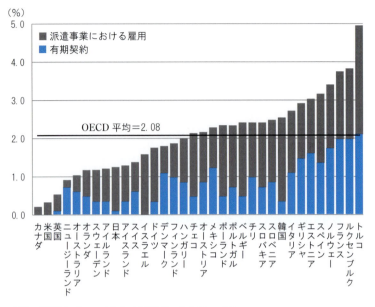

出所：*OECD Employment Outlook 2013*, Chapter2, Figure2.9

しょうか？ 解雇に関する規制や市場慣行の厳格さの程度を数値化したものに雇用保護指標（Employment Protection Legislation Indicators）があります。これは OECD が開発したもので，一般労働者の解雇規制に関するものと有期労働者に関するものの 2 つがあります。

図 13-2 は一般労働者の雇用保護指標を示したもので，高い数値ほど解雇規制が厳しいことを表しています。一般労働者の雇用保護指標はニュージーランド，米国，カナダ，英国などが低い値，ドイツ，ベルギー，オランダ，フランスなどヨーロッパの国が高い値となっています。日本は OECD 34 カ国中，低い方から 10 番目となっています。この指標によると，日本は一般労働者の雇用保護が緩い国のひとつとなっています。

次に，有期労働者の雇用保護指標を見ると，日本はカナダ，米国，英国などよりは高いものの，OECD 平均より低くなっていることがわかります（図

13-3）。

なお，一般労働者と有期労働者の雇用保護指標はその算出方法が異なるため，一般労働者と有期労働者の雇用保護指標の数値をもって，日本では一般労働者に比べて有期労働者の雇用保護の程度が低いとはいえないので注意が必要です。

■ 13.4　積極的労働市場政策

積極的労働市場政策とは，失業手当の給付を中心とする受動的な政策（消極的労働市場政策）とは異なり，積極的に失業者を労働市場に復帰させる政策です。この政策の目的は求職者の就業機会を高め，労働者と企業のマッチングを改善することです。

主な積極的労働市場政策としては，(1) 職業訓練・教育，(2) 補助金による雇用創出，(3) 職業紹介サービスの提供，(4) アクティベーションの4つがあげられます。

職業訓練や教育は労働者の技術や技能を向上させ，彼らの労働市場での競争力を高め，就職をしやすくさせようとするものです。補助金による雇用創出は労働需要サイドに働きかける政策です。また，職業紹介サービスは求職者と求人企業のマッチング効率性を高めることが期待されています。アクティベーションとは社会保障給付を受ける求職者の就労意欲や雇用可能性を高める政策のことです。具体的には，求職者に現金を給付する一方で，求職活動や職業訓練を義務づけ，それ義務が履行されない場合に給付を削減・停止したりする政策です。

図 13-4 は積極的労働市場政策に対する政府支出（対 GDP）を国際比較したものです。日本の数字は対 GDP で 0.14％となっており，OECD 諸国の中では米国について低い水準となっています。

図 13-4 積極的労働市場政策に対する政府支出（2015 年）

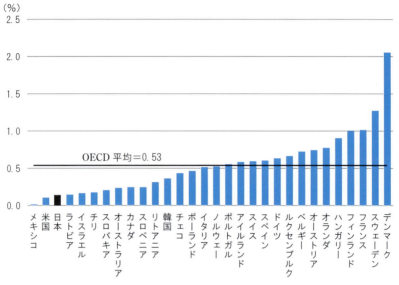

出所：OECD

　積極的労働市場政策が労働市場に与える影響はベバリッジ曲線（詳しくは第 5 章参照）を用いて分析することができます。ベバリッジ曲線は横軸に失業率，縦軸に欠員率をとり，両者の関係を表したものです。ベバリッジ曲線の位置は労働市場のマッチング効率性に依存して決まります。図 13-5 で，BC_1 上の点 A では欠員率が v_1 のときに失業率が u_1 となっています。これに対して，下方に位置する BC_2 の点 B では欠員率 v_1 に対して失業率は u_2 と u_1 よりも低くなっています。これは点 B の方が点 A よりも，マッチングの効率性が高いことを意味しています。つまり，マッチングが効率的であるほど，ベバリッジ曲線は下方に位置します。

　職業紹介サービスや職業訓練や教育は求人企業と求職者間の情報やスキルに関するミスマッチを改善させる可能性があります。その場合，積極的労働市場政策はベバリッジ曲線を下方にシフトさせ，失業を減少させると考えら

図 13-5　積極的労働市場政策の効果

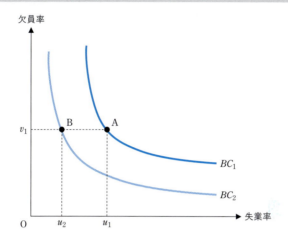

れます。

　しかしながら，積極的労働市場政策は必ずしも失業を低下させるとは限りません。むしろ，増加させる可能性もあります。例えば，職業訓練や教育は失業者を長時間拘束するため，彼らの求職活動を抑制するという効果もあります。これは，**ロックイン効果**と呼ばれています。ロックイン効果は失業を増加させる可能性があります。また，積極的労働市場政策には**クラウディングアウト効果**と呼ばれる負の効果もあります。これは政策の対象となる労働者の政策プログラムへの参加によって，政策対象外の労働者の雇用がクラウディングアウト（「押し出す」の意味）されて，結果的に労働市場全体では雇用が増えないというものです。さらには，プログラムに参加することで失業者に負のシグナリング効果が生じてしまう可能性も指摘されています。

　実際のところ，積極的労働市場政策は効果があるのでしょうか？　欧米諸国のデータを用いた研究によると，職探しを支援するプログラムは失業者の就職確率を高める効果が大きいものの，教育・訓練の効果は限定的であることがわかっています。ただし，政策効果はプログラムごとに違っていることや，使用するデータによって異なった分析結果が得られることもあり，積極

的労働市場政策には効果があると一様に断定するのは難しいといえます。

■ 13.5 財政政策と労働市場

次に、財政政策がどのように労働市場に影響を与えるかを分析しましょう。公共投資や減税などの財政刺激は総需要を変化させることで労働需要に影響します。また、税制や社会保障などは労働者の働くインセンティブや企業の人を雇うインセンティブに影響を与えます。

● 財政刺激と労働市場

不況時に政府は公共投資などの政府支出を増やしたり、減税をすることで景気を刺激します。一般にこれらの財政政策は経済の生産量（GDP）を増加させることが知られています。財政政策が生産量にどれくらい影響を与えるかを表すのが財政乗数です。財政乗数は生産量の変化を政府支出の変化で割ったものです。例えば、政府支出を1兆円増やしたときに、GDPが2兆円増えるとします。この場合、財政乗数は「2」となります。

財政政策は経済の総需要を変化させることで労働市場にも影響を与えます。拡張的な財政政策は雇用を増加、失業を低下させることが期待されています。

財政政策が失業に与える影響を測るものとして、失業乗数があります。失業乗数は上述の財政乗数と似た概念で、失業率の変化を政府支出の変化で割ったものです。失業乗数は比較的新しいコンセプトなのでまだ研究がそれほど進んでいませんが、米国を対象とした分析では、政府支出をGDP1%分増加させると、最大で失業率が約0.6ポイント低下することが報告されています。

■コラム　財政政策と雇用

　財政政策の目的は消費，投資の増大や雇用の拡大を通じた景気刺激です。経済学では，財政政策の効果について数多くの研究が行われてきましたが，その大部分は政府支出の拡大が消費や投資，経済全体の生産量に与える影響を分析したものでした。財政政策が雇用に与える影響については，政策立案者間やメディアでは活発に議論がなされているものの，新しいマクロ経済学では，最近になって注目されるようになったというのが現状です。

　現在，欧米諸国を中心に財政政策が労働市場に与える影響についての研究が進められています。景気対策として政府支出の拡大は雇用の増加，失業の低下をもたらすことが期待されますが，最新の研究では必ずしもそうはならないことが報告されています。欧州大学院のエヴィ・パッパ教授らの研究は，OECD諸国の多くで，政府支出の拡大は雇用を拡大する一方で，失業の増加ももたらすことを示しています。これは財政政策により景気が良くなり，職探しをあきらめていた人が職探しを始め，失業者になる人が増えるためです。この場合，求人企業と失業者のマッチングをいかに円滑にするかが課題となります。

　翻って，日本では政府支出の拡大が雇用を増加，失業を低下させる効果があることが明らかにされています。しかし，その一方で，財政出動による景気対策が消費や投資といったマクロ変数に与える影響は近年，低下傾向にあることも指摘されています。政府支出の増加は財政赤字を拡大し，財政運営の持続可能性をより困難にすることを考えると，財政政策の有効性を再度見直し，今後の財政政策運営のあり方を考えることが重要です。

● 税のくさびと雇用

　賃金への課税や社会保障費は個人の労働供給や企業の労働需要に関する意思決定に大きな影響を与えます。労働者は労働の対価である賃金をそのまま自分のポケットに入れることはできません。所得税や社会保険料の被用者負担分を支払う必要があるからです。また，企業は労働者を雇うと賃金だけではなく社会保険料の事業主負担分も支払うことになります。

　企業が実際に支払う労働コスト（賃金＋社会保険料の事業主負担分）と労働者が実際に受け取る労働所得（賃金－所得税－社会保険料の被用者負担分）の差は所得税と社会保険料の合計となります。これは税のくさび（tax wedge）と呼ばれます。

　図13-6は主要国の税のくさびを示したものです。その大きさは国によっ

図 13-6 税のくさび (2016 年)

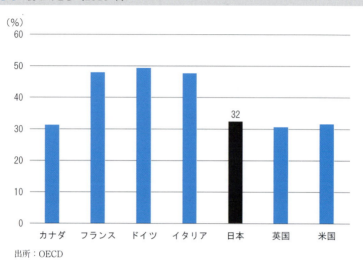

出所：OECD

て異なることがわかります。日本は 32% と米国や英国より若干高くなっていますが，欧州諸国と比べると低い水準となっています。

　税や社会保障負担は労働所得や労働コストを変化させるため，個人の労働供給の意思決定や企業の労働需要に影響します。先進国では税のくさびと雇用の間には負の関係があることがわかっています（図 13-7）。これより税のくさびを下げることで雇用を促進することができるという政策的含意が得られます。ただし，雇用は景気動向に左右される部分も多いため，税制や社会保険料の変更が雇用に与える影響は限定的になるかもしれない点には注意が必要です。

● ベーシックインカム

　ベーシックインカムとは，政府が国民の最低限の生活を保障するため，全ての人に一定額の現金を無条件に支給するという社会保障政策です。生活保護や雇用保険など，日本の現行の社会保障政策では，一定条件を満たしてい

図 13-7　税のくさびと雇用

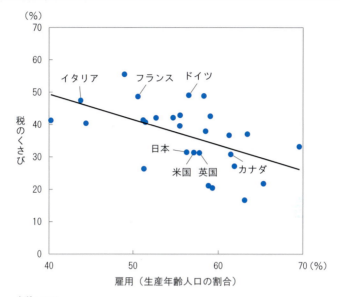

出所：IMF

ないと受給ができません。また，受給にあたり様々な手続きが必要です。これに対して，ベーシックインカムは全ての人が無条件に給付を受けられる制度という点に大きな特徴があります。

現在，国家レベルでベーシックインカムを実施している国はありません。しかしながら，今日，多くの国・地域が所得格差や貧困問題に直面していることや，人工知能やロボットの進化により近い将来，労働が機械に置き換わることで雇用環境が悪化するのではないかという予測の中，ベーシックインカムの導入可能性に注目が集まっています。

ベーシックインカムの導入に賛成する人は，そのメリットとして，運用が単純なため行政コストが小さくなることや，無収入になる心配がないので，労働環境やワークライフ・バランスが改善することなどをあげています。一方，ベーシックインカムに反対する人は，そのデメリットとして，働かなく

ても一定の収入が得られるため，労働の意欲が低下することや，財政確保が困難であることなどを指摘しています。

　ベーシックインカムが実際に経済に与える影響についてはまだまだ議論の余地があります。また，その導入にあたっては，そのメリット・デメリットをはっきりさせることに加えて，現行の社会保障制度がどの程度上手く機能しているのかも考慮に入れる必要があります。既存の制度がある程度上手く機能しているのであれば，それを改善していく方がベーシックインカムを導入するよりも効率的だと考えられるからです。

◆Review Exercises

1. 税のくさびとは何かを説明しなさい。
2. 財政乗数・失業乗数とは何かを説明しなさい。
3. 最低賃金の上昇が雇用に与える影響を分析しなさい。
4. 失業給付の増加は失業率に対してどのような影響を与えるのか述べなさい。
5. 解雇規制とは何か，また，それが雇用に与える影響を論じなさい。
6. ベーシックインカムのメリット・デメリットを論じなさい。

第 14 章

日本の労働市場

■ **Introduction**

　日本経済は大きな変化の真っ只中にあります。少子・高齢化による人口の収縮やグローバル化の進展など日本経済を取り巻く環境は大きく変化しています。そのような中，労働市場改革の重要性が指摘されています。日本経済の今後を考えるためにも，日本の労働市場の特徴や課題を学ぶことは重要です。本章では世界的にもユニークな日本的雇用慣行について解説した後，日本の労働市場が抱えている問題を紹介することにします。

　日本には大企業を中心に終身雇用や年功賃金といった特有の雇用慣行が存在します。それらは戦後，高い経済成長と豊富な若年労働力の供給を背景に成立したもので，かつては日本の強みでした。しかしながら，労働市場を取り巻く経済環境の変化により，その合理性は低下しつつあるといわれています。さらに，日本的雇用慣行の基礎的条件が変わったにもかかわらず，過去の特殊な雇用慣行が維持されているため，労働市場に様々な矛盾や問題が生じているとさえいわれています。本章では日本的雇用慣行とは何か，また，その成立背景や合理性を説明した後，日本の労働市場が抱えている問題を紹介することにします。

14.1 日本的雇用慣行とは何か？

　日本の雇用慣行は世界的にもユニークなものです。その特徴は**終身雇用**，**年功賃金**，**企業別労働組合**です。これらは**日本的雇用慣行**と呼ばれています。

　終身雇用とは長期安定的な雇用関係のことをいいます。「終身雇用」という言葉からは，労働者が新卒採用時から定年退職まで同一企業・企業グループで働き，また，そうした雇用が保障されるという印象を受けます。しかしながら，厳密には日本にそのような雇用契約は存在せず，また，それを保障するような法律もありません。それでも終身雇用が日本の雇用慣行の特徴だといわれるのは，職業人生の大半を同一企業で過ごす人が少なくないからです。実際，データ（厚生労働省「賃金構造基本統計調査（2012年）」）を見てみると，40～50歳代の男性労働者のうち，勤続20年以上の者の比率は，全体で4割を占めており，特に大企業では6割弱となっています。

　年功賃金とは賃金が年の功，つまり年齢あるいは勤続年数に応じて決まる賃金体系のことです。年齢や勤続年数の上昇に応じて，賃金が上がっていきます。

　図14-1は大企業で働く大卒・大学院卒の男性労働者の**賃金プロファイル**を描いたものです。賃金プロファイルとは年功賃金を評価する際に用いられるもので，横軸に年齢，縦軸に賃金をとり，両者の関係を表したものです。現在と過去の賃金プロファイルを比較するため，2010年の実態に加えて1970年，1980年，1990年，2000年のものもプロットしています。

　図14-1から賃金が年齢とともに上昇する傾向にあるのがわかります。ただし，最近の賃金プロファイルを以前のものと比べると，以前はキャリアの終盤まで賃金の上昇が続いていたのに対して，最近はキャリアの中盤からの賃金上昇率が低下している様子が見受けられるようになっており，中高年の賃金を是正する方向で年功賃金が変化しているといえます。なお，賃金が勤

図 14-1 賃金プロファイル

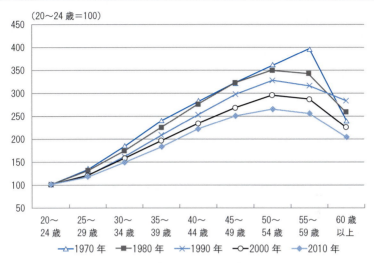

注：男性，大卒・大学院卒，従業員規模 1000 人以上の所定内給与額
出所：厚生労働省「賃金構造基本統計調査」

続年数に比例して上昇するのは日本だけではありません。このような現象は他の先進国でも見られますが，賃金カーブの傾きが日本は他の国と比べると急になっていることが特徴です。

日本的雇用慣行の三つ目の特徴は企業別労働組合です。労働組合は労働者が団体行動を行うための組織で，その構成員を代表して企業と賃金などの労働条件を交渉します。欧米では職種や産業ごとに労働組合が作られているのに対して，日本の労働組合の多くは個々の企業で組織されているのが特徴です。

企業別労働組合は職場に密着しているので，企業の実態にあった労使交渉ができるというメリットがありますが，企業の枠内で組織されているため横とのつながりが薄く，強い交渉力を持たないというデメリットもあります。

労働組合やその全国組織が一斉に労働環境の改善を企業に要求する運動が春闘です。これは「春季闘争」の略語で，労使間で賃金引上げ，雇用維持，

労働時間の短縮，ワークライフ・バランスの実現などについての交渉が行われます。

日本の労働組合の多くは企業ごとに組織されているため，交渉力が弱くなりがちです。そこで，個々の組合が手を取り合い一斉に行動を起こすことでその弱点を補おうという意図から春闘は始まりました。開始当初はそれほど成果をあげることはありませんでしたが，高度成長期には春闘を通じて毎年賃上げが行われ，春闘は日本の賃金決定に重要な役割を果たしてきました。

14.2　日本的雇用はいつ成立したのか？

終身雇用や年功賃金の起源については様々な説がありますが，これらの雇用慣行は戦後の高度経済成長期に形成，普及，定着したものと考えられています。

高度成長期には，企業が急速にしかも持続的に成長したため，労働需要が拡大，企業は雇用を増やし続けました。企業の課題は，労働力を調達，訓練して定着させることであり，雇用調整や人員整理などを考える暇がなかったといえます。その結果，労働者はひとたび企業に雇われると解雇されることを心配する必要がなく，退職年齢まで雇用が保障されると思い込むようになりました。雇用は安泰という観念が生まれ，それがいつしか社会的通念として定着したのです。また，所得水準向上に伴う賃上げと企業内訓練による熟練向上に伴う昇給により年功賃金が定着しました。

持続的で高い経済成長とともに日本的雇用慣行を支えたものが豊富な若年人口でした。拡大する労働需要に対応するために，企業は常に新しい労働者を雇う必要がありましたが，これを満たしたのが若年労働者です。当時は人口構造が若く，若年労働力の供給が豊富であったため，企業は卒業を迎えた学生を定期的に大量に雇い入れていきました。

このように終身雇用や年功賃金は高い経済成長と若年労働力の豊富な供給のもと日本経済に成立，定着したのです。

14.3　日本的雇用慣行の合理性

　日本的雇用慣行は経済学的にどのように説明することができるのでしょうか？　年功賃金や終身雇用については多くの研究蓄積があり，それらを説明する理論も多様です。ここでは主要な理論である人的資本理論と後払い賃金仮説による説明を紹介します。

● 人的資本理論

　日本的雇用慣行を説明する最もオーソドックスなものは人的資本理論です。人的資本理論は第8章で詳しく解説をしましたが，その基本的な考え方は訓練や教育によって労働者はその仕事の能力，つまり生産性を高めることができるというものです。

　労働者が訓練や教育を通じて習得できる人的資本には，一般的なものと企業特殊的なものがあります。一般的人的資本とはどの企業でも通用するスキルのことです。語学力やコミュニケーション能力，また，汎用性の高いパソコンソフトに関するスキルなどがそれにあたります。これに対して，企業特殊的人的資本は当該企業のみで有効な技能であり，他の企業では役に立たないものです。その企業独自のソフトフェアや社内組織に関する知識などがそれにあたります。

　日本的雇用と密接な関係にあるのがこの企業特殊的人的資本です。日本の企業はその従業員に対して企業特殊的な知識やスキルを習得させる教育・訓練を行うことを重視しています。勤続とともに教育・訓練を受け，労働者の生産性があがるにしたがって賃金も上昇することから年功的な賃金体系が成

立することになります。

　また，人的資本は投資をつぎ込んだ財であるため，企業はその投資のもとを回収するまでは簡単に労働者を手放そうとしません。不況で生産が多少低下した程度では，企業は労働者を解雇しようとしません。解雇をしてしまえば，それまでに投資した費用を回収できなくなるからです。日本の企業は訓練や教育などでその労働者に投資をする傾向が強いため，雇用の安定がもたらされるのです。

● **後払い賃金仮説**

　日本的雇用慣行を説明するもうひとつの重要な理論に後払い賃金仮説があります。人的資本理論では労働者の生産性の上昇によって年功賃金の存在を説明しますが，後払い賃金仮説では労働者の生産性が高まらなくても右上がりの賃金プロファイルを説明することができます。また，この仮説は多くの日本企業で観察される定年制という慣行も説明できます。

　後払い賃金仮説では，賃金カーブの傾きを労働者の生産性カーブの傾きよりも急にすることで，労働者のやる気を引き出そうとします。具体的には，企業は労働者が若い時には生産性を下回る賃金を支払い，労働者が年をとった時には生産性を上回る賃金を支払い，定年時に賃金の支払い総額と生産総額をバランスさせるという暗黙的な契約を結びます。

　今，労働者の生産性は一定であるのに対して，賃金カーブは右上がりであるとします。図14-2 はこの様子を表しています。ここで，賃金カーブの傾きが生産性カーブの傾きよりも急であることに注意してください。この賃金体系では，企業は労働者が若い時にはその生産性以下の賃金を支払いますが，勤続を重ねるにつれその生産性を上回る賃金を支払います。労働者は若いうちに勤務不良などによって解雇されてしまうと将来高い賃金を受け取るチャンスを逃してしまうため，そうならないようにまじめに長く働くインセンティブを持ちます。

　この賃金体系では，勤続年数が長くなると賃金が生産性を上回るため，勤

図 14-2　後払い賃金仮説

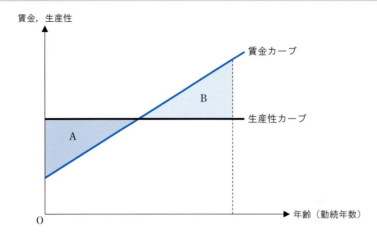

続年数の長い労働者は離職しようとしません。しかし、それでは企業は損をしてしまうので、企業はあらかじめ雇用契約の終了時期を決めておく必要があります。これが定年制です。定年退職年齢は労働者の企業への貢献度（生産総額）と賃金支払い総額が一致するように決定されます。つまり、図14-2のAとBの面積が同じになるように定年退職年齢は決定されます。

このように後払い賃金仮説は、右上がりの賃金カーブ、長期的な雇用関係、さらには定年制といった日本的雇用慣行を上手く説明することができます。また、この仮説の「賃金カーブの傾きが生産性カーブの傾きよりも大きい」という主張は、実証研究によって日本では成立していることが確認されています。

14.4　経済環境の変化と日本的雇用慣行

経済が急速かつ持続的に成長し、また若者が豊富な人口構造のもとでは終

図 14-3　経済成長率の推移

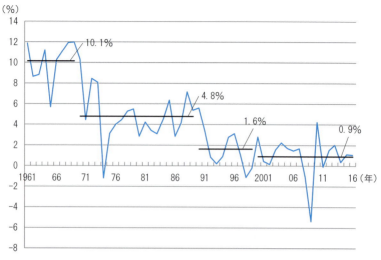

注：黒線は各期間の平均成長率を示す。
出所：*OECD Economic Outlook*

身雇用や年功賃金は合理的なものでした。そして，日本的雇用慣行は世界から注目を集めた日本的経営の強みのひとつでした。失業率を低く保ち，良好な労使関係の形成に大きく貢献した優れた雇用慣行だったのです。

　しかしながら，日本の労働市場を取り巻く環境は大きく変化しました。図14-3 で見られるように，日本経済は高度成長期には年率10％程度で成長していましたが，1970年代に入ると成長率は5％前後に低下しました。さらに，1990年代初頭のバブル崩壊後から2010年代前半は「失われた20年」といわれるほど，経済は長期間停滞しました。また，この間，人口構造も大きく変化しました。少子・高齢化が進み，1990年代後半からは高齢者人口が若年人口を上回っています（図1-6 を参照）。このように日本的雇用慣行を支えていた高い経済成長と豊富な若年労働力が今はなくなってしまったのです。これらに加えて，新興国の台頭による競争の激化，IT などの技術革新は日本経済に大きな影響を与えています。

経済環境が変われば，それは雇用のあり方にも影響を与えます。日本的雇用慣行はそれを支えてきた前提条件が変わったため，その合理性が徐々に低下してきたといわれています。さらには，日本的雇用慣行が機能不全に陥ったため，いくつかの弊害を日本経済にもたらしているとさえいわれています。

14.5　日本の労働市場の課題

日本的雇用慣行の基礎的条件が変わったにもかかわらず，過去の特殊な雇用慣行が維持されているため，労働市場に様々な矛盾や問題が生じているといわれています。それらは若年の失業問題，女性と高齢者の就業問題，そして非正規雇用問題です。

● 若年の失業問題

1990年代のバブル崩壊後，経済が長期間停滞する中，若年者を取り巻く雇用環境は大きく変化しました。学校卒業時に仕事を見つけるのに苦労したり，仕事を見つけられず無業者とならざるを得ない若者が増えました。

図14-4は失業率の推移を年齢階級別に示したものです。1990年代に若年失業率が他の世代の失業率と同様に急速に上昇したことがわかります。ただし，失業率の上昇幅は若年の方が他の世代よりもかなり大きく，若年の雇用環境が厳しいものであったことを示しています。

若年者は2つのルートから失業状態に陥る可能性があります。ひとつは学校卒業後，就職ができず失業に陥るというものです。そして，もうひとつは就職後，会社を辞めて失業するというルートです。若年失業の特徴として，中高年とは異なり自ら会社を辞めて失業することが多いというのがあげられます。

また，この時期，いわゆるニートやフリーターと呼ばれる人々が増加しま

図 14-4 年齢階級別失業率の推移

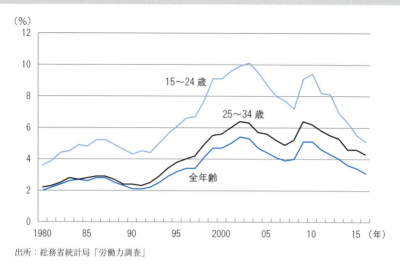

出所:総務省統計局「労働力調査」

した。ニートとは労働,教育,職業訓練のいずれにも参加していない人を指す言葉で,英語の Not in Employment, Education, or Training の頭文字をとったものです。日本では「15～34 歳で非労働力人口のうち,家事も通学もしていない者」(厚生労働省)と定義され,若年無業者と呼ばれています。若年無業者数は 1995 年には 46 万人でしたが,2002 年に 60 万人を超え,その後はほぼ横ばいで推移しています(図 14-5)。

一方,フリーターとは正社員以外のアルバイトやパートで生計を立てている人のことです。厚生労働省によるフリーターの定義は,「15 歳から 34 歳で,男性は卒業者,女性は卒業者で未婚の者のうち,アルバイトやパートで働いているか,現在無業の者は家事も通学もしておらず「アルバイト・パート」の仕事を希望する者」です。フリーターは日本経済が好調だった 1980 年代後半に,企業に縛られない新しい働き方として脚光をあびましたが,収入が低く,雇用が不安定な場合が多いのが特徴です。図 14-6 にはフリーター数の推移が示されていますが,1990 年代以降,経済の長期停滞に

図 14-5　若年無業者数の推移

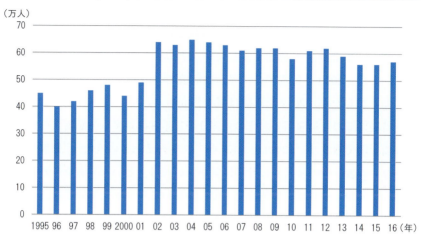

出所：総務省統計局「労働力調査」

図 14-6　フリーター数の推移

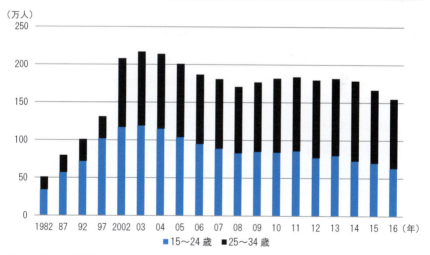

注：1997年までの数値と2002年以降の数値では，フリーターの定義等が異なることから，接続しない点に留意する必要がある。
出所：厚生労働省「労働経済の分析」および総務省統計局「労働力調査」

14.5　日本の労働市場の課題

よってその数が急増したことがわかります。

　ここで重要なのはニートやフリーターは景気変動の影響を大きく受けるということです。ニートやフリーターの数はバブル崩壊後の 1990 年代から 2000 年代の頭にかけて急増しましたが，その後の景気回復期には減少しました。また，2000 年代後半の世界金融危機で経済が再び冷え込むとその数は増加しましたが，2012 年以降は減少傾向を示しています。このようにバブル崩壊以降の若年雇用の悪化の大部分が若年者に対する労働需要の低下によって説明できます。これは，ニート，フリーターというと，「仕事をする気がない若者」や「まともに仕事に就かない若者」という見方をされることがありますが，それは一面的な見方でしかないことを示しています。

　景気悪化に伴いその雇用環境が厳しくなるのは若年者だけではありません。他の世代も同じです。失業率が高まり，不安定な雇用機会にしか恵まれない状況になったとしても，それが不況による一時的なものであれば若年雇用問題はそれほど深刻なものではないかもしれません。しかし，実際には，不況時に学校を卒業した世代はその悪影響を長期にわたって受けることが知られています。具体的には学卒時に不況であった世代は比較的長期にわたり低賃金，不安定雇用，無業となる可能性が高くなります。これは世代効果と呼ばれています。また，学卒時に不況のため就職が上手くいかなかった世代を「ロストジェネレーション」あるいは「氷河期世代」と呼ぶことがあります。

　以前は，新卒一斉採用によってほとんどの若者が学卒後，正社員として雇用され，企業内訓練によってそのスキルを向上させることができましたが，最近では卒業後に就職できる人の数が減っています。また，仕事が見つかっても正社員としてではなく，非正社員として働く若者が増えています。

　これには様々な要因が考えられますが，そのひとつに長期の経済停滞によって企業が若年労働者を正社員として採用する誘因が低くなったことがあげられます。新卒で若年労働者を採用し，社内トレーニングを行うというのは企業にとって大きな投資です。持続的な経済成長が見込まれないのであれば，企業は若年雇用に躊躇します。

若年期は仕事を覚え，技能を取得するのに適した時期です。その時期に仕事が見つからない，あるいは仕事はあっても十分な教育や訓練の機会に恵まれない場合，それは個々の労働者の将来に悪影響を与えるだけでなく，一国の競争力にも負の影響をもたらす可能性があります。少子・高齢化により労働力が減少している中で，将来の労働力の中核を担うのが今の若年層であり，若者が安心して働ける社会を築くことが求められています。

● **女性就業問題**

近年，女性の活躍は日本でも広がっていますが，諸外国に比べると女性の就業率はまだ低く，女性リーダーも少ないのが現状です。また，女性には仕事と出産・育児をどうバランスさせるかという大きな課題もあります。人口が減少しつつある日本では，女性の活用を促すことが持続的な経済成長にも重要であるといわれています。ここでは日本における女性雇用の現状，課題を整理し，それが日本的雇用慣行とどのような関係にあるのかを考えましょう。

《女性就業の現状》

はじめに日本における女性の就業状況を概観しましょう。近年，働く女性が増えたといわれていますが，実はそうではありません。女性の労働力率は現在よりも1950年代の方が高かったのです（図1-2を参照）。女性の労働参加は高度成長期に減少しました。これは経済成長によって家計が豊かになり，女性が専業主婦として家事と育児に特化できるようになったためです。この時代，「男性は仕事，女性は家事」というのが標準的な家計となりました。その後，女性の労働力率は上昇に転じ，2016年には50.3％となっています。

女性の労働参加が増えた背景には労働供給側と需要側の2つの要因があります。

労働供給側の要因としては，電化製品や家事代行サービスの普及により，女性が家事に費やす時間が減少したことがあげられます。また，女性が経済的に自立するべきだという社会風潮が高まったことも女性の労働供給を増や

図 14-7　専業主婦世帯と共働き世帯

出所：労働政策研究・研修機構

しました。さらに，教育水準が高まったことで，学校卒業後に社会で働くことを希望する女性が急増しました。

　一方，労働需要側の要因としては経済のサービス化があげられます。この数十年間で産業構造は製造業や建設業など，男性中心のものから，事務職やサービス職といった女性が活用されるサービス産業にシフトしています。経済のサービス化は女性の労働需要を高めることで，賃金を上昇させ，女性が働く環境を整えました。

　このような中，高度成長期に日本的雇用慣行のもとで標準的であった「夫は仕事，妻は家事」という性別役割分担が薄れてきています。実際に，図14-7 に見られるように，今や共稼ぎ世帯数が片稼ぎ世帯数を大きく上回っています。

《女性就業の課題》

　女性が直面する大きな課題は仕事と出産・育児の両立です。近年，女性の労働参加は高まる傾向にありますが，出産・育児期の女性が働き続けられるようになったかというと必ずしもそうではありません。

女性の労働力率を年齢別にグラフで示すと，30代前半で大きく落ち込むM字型のカーブになります（図1-3を参照）。労働力率がM字型になるのは，20～30代で結婚や出産・育児のために労働市場をいったん退出し，子育てが一段落した40代に再び労働市場に参入する女性が多いことを意味しています。なお，男性の労働力率カーブは「逆U字型」となっています。

　M字型の労働力率カーブはかつては日本だけでなく他の先進諸国でも観察されましたが，現在ではほとんどの国で男性に似た逆U字型となっています。これは出産・育児によって就業を中断する女性が減ったことを意味しています。

　日本でもM字の底は徐々に浅くなってきていますが，依然としてその形状は残っています。統計では第一子出産前後の女性の継続就業率は4割弱となっており，多くの女性が出産を機に退職していることがわかります。育児休業や短時間勤務等を活用して，一時的にペースを落としながらでも働き続けるという女性はまだそれほど多くありません。

　また，出産・子育て後に再就職をする女性は増えていますが，その多くはパートや派遣の非正規社員として働いています。もちろん，望んでパートや派遣という働き方をしている人もいますが，正社員として働くことを望んでいながら非正社員として働いている人も少なくありません。1980年代には女性の非正規比率は3分の1程度でしたが，現在は6割近くまで上昇しています。近年の女性就業者の増加の大半は非正規雇用者の増加によるものです。

　次に，日本における女性の就業状態を主要先進国と比較してみましょう。図14-8は主要先進7カ国における男性と女性の労働力率を比較したものです。日本の女性の労働力率は68.1％と主要先進国の中で決して低い水準にあるわけではありませんが，労働参加率の男女差に注目すると，日本における労働力率の男女差は約17ポイントと，先進国の中でもイタリアに次いで高くなっています。

　また，図14-9の男女の賃金格差を見ると，女性の賃金は男性の賃金よりも約25％低くなっています。これは主要先進国の中で，最も大きな賃金格

図 14-8　主要先進国における労働参加率（2016 年）

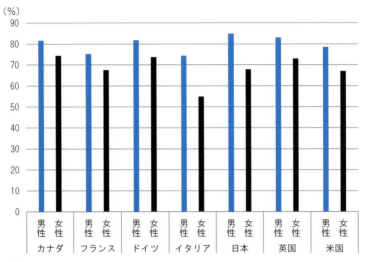

出所：*OECD Employment Outlook*

図 14-9　主要先進国における男女間賃金格差（2016 年または直近年）

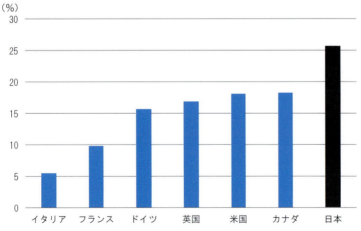

注：男女賃金格差は，男女間の月給の中位数の差を男性の月給の中位数で除した数値
出所：OECD

差となっています。

　国際比較からも，日本では依然として女性の就労に大きな壁があることがわかります。その背景には「男女の仕事と家事・育児の役割分担」に関する考え方や文化，法や制度，経済政策など様々な要因があります。

　日本的雇用慣行もそのひとつです。日本的雇用慣行ではフルタイムの正社員は長期安定的な雇用と高い賃金が提供される一方，長時間労働や配置転換・転勤といった働き方が求められてきました。これは夫が外で働き，妻が家事と育児に専念するという家計のもとでは上手く機能しました。しかしながら，夫婦がともにフルタイムの正社員だと，双方に長時間労働が課せられ，家事や育児に時間を費やすことが難しくなります。そして，実質的に女性に家事や育児の負担がかかることが多く，その結果，女性は「仕事をとるか，出産・育児をとるか」という二者択一に迫られます。このように従来の日本的雇用慣行のもとでは女性が子育てをしながら，正社員として働き続けることは難しくなっています。

● 高齢者就業問題

　日本では人口減少により，生産年齢人口が将来大幅に減少することが見込まれている一方で，健康で働く意欲もある高齢者が増えています。高齢者の活用は日本経済の活力を維持・発展させるだけでなく，社会保障制度の問題を考える上でも重要です。年齢に関係なく，体力や意欲，能力がある労働者が働けるような社会を実現することが重要ですが，現状では課題が多いのも事実です。ここでは，高齢者就業の現状と課題を見ていきましょう。

　日本における高齢者就業の実態を確認しましょう。図14-10は男性の労働力率を年齢階級別に国際比較したものです。日本の男性労働力率は55〜59歳で90.3%，60〜64歳で77.1%，65〜69歳で53.0%となっており，60歳を過ぎても多くの人が働いています。また，日本の男性高齢者の労働力率は他の先進国と比較して高いことがわかります。

　近年，日本では高齢者の労働力率の上昇が観察されていますが，以前はむ

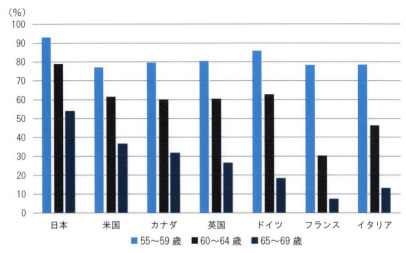

図 14-10　年齢階級別労働力率（男性）の国際比較（2015年）

出所：総務省統計局および OECD

しろ減少傾向にありました。図 14-11 で見られるように 1960 年代後半の労働力率は 60〜64 歳で約 8 割，65 歳以上で約 5 割でしたが，2000 年代前半にはそれぞれ約 7 割と約 3 割まで低下しています。

　高齢者の労働力率低下の背景には大きく 2 つの要因があります。ひとつは就業形態の変化です。農業や自営業といったもともと定年がなく，高齢になっても働き続ける傾向が強い就業形態が減少したことが，高齢者の労働力率低下に結びつきました。もうひとつは公的年金の充実です。1970 年代中盤以降，厚生年金保険法改正によって，日本の年金水準は急速に上昇しました。年金により引退生活が送れるようになったため，労働力率が低下したのです。

　2012 年以降，高齢者の労働力率は再び上昇していますが，これは定年延長などの動きによるものだと考えられます。

　日本の高齢者の特徴のひとつは健康寿命の長さです。健康寿命とは WHO（世界保健機関）が提唱しているもので，その定義は「健康上の問題で日常

図 14-11　男性労働者の労働力率推移

出所：総務省統計局「労働力調査」

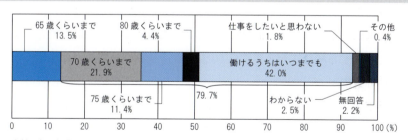

図 14-12　何歳頃まで収入を伴う仕事がしたいか

資料：内閣府「高齢者の日常生活に関する意識調査」(平成 26 年)
注：調査対象は，全国 60 歳以上の男女。現在仕事をしている者のみの再集計。
出所：内閣府「高齢社会白書」(平成 29 年)

生活が制限されることなく生活できる期間」です。日本人の健康寿命は 2015 年には男性 72.5 歳，女性 77.2 歳で世界一となっています。

健康寿命の長さに加え，就業意欲が高いことも日本の高齢者の特徴です。図 14-12 は内閣府の調査結果ですが，現在仕事をしている高齢者の約 4 割が「働けるうちはいつまでも」働きたいと回答しています。70 歳くらいま

14.5　日本の労働市場の課題　● 265

でもしくはそれ以上との回答と合計すると，その割合は約8割となり，その就業意欲の高さがわかります。

しかしながら，働く意欲のある高齢者がその能力や経験を活かし労働市場で活躍ができているかというと必ずしもそうではありません。就業を続ける高齢者の多くが非正規雇用で，その賃金は正規雇用と比べるとかなり低くなっています。男性の場合，非正規の比率は55〜59歳では1割強ですが，60歳を境に大幅に上昇し，65歳以上の実に7割以上が非正規となっています。

この背景には定年制の存在があります。日本の多くの企業は，ある年齢になると雇用者を強制的に退職させる定年制を採用しています。14.3節の後払い賃金仮説でも説明したように，日本型の年功賃金体系では勤続年数が長くなると賃金が生産を上回るため，どこかのタイミングで労働者を退職させる必要があります。この点において，定年制は経済的に合理的な仕組みとなっています。

日本の定年制度は法律で設置が義務化されたものではありません。定年制度の有無は，それぞれの企業が自由に定めることができます。ただし，定年制度を設置する場合，定年年齢は60歳を下回ってはいけないと法律で定められています。

日本の企業の多くは，長らくこの法定年齢の60歳を定年年齢としてきましたが，高年齢者雇用安定法（2013年4月1日から施行）により，企業は希望者を65歳まで引き続き雇用しなければいけないようになりました。65歳未満の定年制度がある会社は定年制度を廃止するか，定年年齢を65歳まで引き上げるか，あるいは継続雇用制度により希望する社員全員を65歳まで雇用しなければなりません。

多くの企業は人件費を抑えるために，定年年齢を迎えた労働者に対して一度退職の手続きをとり，嘱託社員やパートタイマーなどの身分で新たに雇用する継続雇用制度を利用しています。この結果，多くの意欲と能力がある労働者がその年齢のために，非正規として働かざるを得ない状況となっていま

す。また、仮に高齢労働者が継続雇用制度に頼らず、これまで働いていた会社を辞めて新しい職を探すとしても、その就業機会は限られているのが現状です。

● 非正規雇用問題

日本では、今や雇用者の3人に1人以上が非正規雇用者です。非正規雇用とは、パートタイマー、アルバイト、契約社員、派遣社員など正社員でない立場で雇われている労働者の総称です。その特徴として、正社員に比べて賃金や福利厚生などの待遇が低いことや、雇用契約期間が短く雇用が不安定なことがあげられます。

日本では正社員を整理解雇するためには厳しい条件を満たさなくてはいけないため、企業は解雇がしやすい非正社員を雇用の調整弁として活用してきました（日本の解雇規制については第13章を参照）。これは日本的雇用では標準的労働者である正社員を守るために、非正社員の「犠牲」がデフォルトになっていることを意味しています。

1990年代以降、経済が長期停滞する中、企業は正社員の雇用を保障するために、需要や収益の変化に対してその雇用量を調整しやすい非正規雇用者を多く雇うようになりました。その結果、前述のとおり、雇用者の約4割が非正規雇用となり、正社員と非正社員の格差が社会問題として認識されるようになりました。

非正規雇用の問題としては、正社員と比べて賃金や福利厚生、雇用の安定度が低いことに加え、能力開発の機会が乏しいことと昇進・昇級の道が閉ざされていることがあげられます。正社員は社内教育や訓練を通して技能や技術を習得する機会が多いのに対して、企業が非正規雇用者に投資をしてその能力を高める機会は極端に少ないのが現状です。また、非正規雇用者は幹部までの昇進や昇級といった人事パスには乗らないのが一般的です。そのため、非正規雇用者はキャリアアップや希望の職種へのステップアップが難しくなりがちで、低賃金の仕事のキャリアから抜け出すことが難しくなっています。

また，これは労働者だけの問題ではありません。企業も社内に知識や技能を蓄積することができないなどの問題があります。

　今の日本では，大きく分けて正規と非正規の2つのパターンの働き方しかありません。正社員として安定雇用と高待遇を得る一方，フルタイムで長時間労働や異動・転勤などを受け入れるか，あるいはパートや契約社員等の非正社員として柔軟な働き方をする一方，低い待遇を受け入れるのかのどちらかです。日本的雇用慣行が上手く機能していた時には，労働者の多くが正社員として働くことできましたが，現在は違います。また，日本的雇用慣行で標準的とされていた専業主婦付き男性正社員以外の労働者が増加しています。人々がその能力を活かし，仕事と生活のバランスがとれるような，多様で柔軟な労働機会を提供できる労働市場が求められています。

◆Review Exercises
1. 日本的雇用慣行の特徴を述べなさい。
2. 人口構造の変化が労働市場にどのような影響を与えるかを考えなさい。
3. 若年雇用問題とは何か，またそれを解決するためにはどのような政策が有効であるかを考えなさい。
4. 女性就業に関する課題は何かを述べなさい。また，それを解決するためにはどのような政策が必要なのかを論じなさい。

索 引

あ 行

アウトサイダー　110
後払い賃金仮説　252

異時点間の労働供給弾力値　59
一致変数　185
一般訓練　150
一般的人的資本　150, 251
インサイダー　110
インサイダー・アウトサイダー理論　110

オウター（Autor, D.）　212
オークン（Okun, A.）　101
オークンの法則　102

か 行

解雇規制　235
外国人労働者　36, 38
解雇権濫用法理　236
買い手独占　165
価格受容者　28
家族従業者　2
価値関数　117
貨幣の中立性　98
完全競争市場　27, 33, 163
完全競争的企業　33, 68, 162
完全失業者　2
完全情報　27

機会費用　144
企業特殊訓練　150
企業特殊的人的資本　150, 351

企業別労働組合　248
技術的限界代替率　75
技術的失業　83
季節調整法　182
期待インフレ率　99
期待利得　135
キドランド（Kydland, F.）　199
教育投資モデル　144
供給曲線　25
共変動　184
均衡価格　28
均衡失業率　139
均衡賃金　33
均衡取引量　28
均衡労働量　33

クラウディングアウト効果　241
訓練　150

景気循環　180, 210
景気循環部分　181
景気の谷　182
景気の山　182
景気変動　35
継続雇用制度　266
ケインズ（Keynes, J. M.）　196
欠員・失業比率　130, 189
欠員数　188
欠員補充率　130
欠員率　133
限界効用　45
限界生産物　66
　　——逓減の法則　67

269

資本の―― 67
　　労働の―― 67
限界生産物曲線 69
限界代替率 45, 75
　　――逓減の法則 46, 76
限界費用 79
現金給与総額 20
健康寿命 264
現在価値 147
玄田有史 207

好況 182
公共職業安定所 8, 90, 234
公共職業訓練 90
合計特殊出生率 10
交渉理論 138, 142, 175
構造的失業 90
硬直的 195
高度経済成長期 250
高年齢者雇用安定法 266
後方屈曲的労働供給曲線 56
効用 42
効用関数 42
効用最大化 48
効率賃金 111
効率賃金仮説 111, 178
高齢者就業 263
コブ・ダグラス型関数 130
個別企業ショック 209
雇用機会の再分配 204
雇用再分配率 204
雇用者 2
雇用純増 204
雇用純増率 204
雇用消失 202
雇用消失率 203
雇用創出 202
雇用創出・消失分析 201
雇用創出条件式 134, 136
雇用創出条件線 138

雇用創出率 203
雇用の最大化 85
雇用保険 234
雇用保護指標 238

さ　行

サーチ・マッチングモデル 91, 116, 126, 167, 197
サーチモデル 167
サーチ理論 167
サービス残業 17
財政乗数 242
財政政策 242
最低賃金制度 107, 232
財の同質性 27
サブロク協定 17

自営業者 2
シグナリング理論 144, 155
シグナル 157
時系列データ 181
市場 27
　　――の摩擦 126
市場均衡点 28
自然失業 86
自然失業率 86
　　――の決定 87
失業 33, 85
　　――の理論 105
失業給付の変化 121
失業者 2, 85
失業者数 188
失業乗数 242
失業の流入・流出分析 226, 227
失業変動パズル 199
失業保険 234
失業率 6
　　広義の―― 7
実質賃金 22, 195
資本 66

資本化効果　83
社会的余剰　30
若年失業　103
若年の失業問題　255
若年無業者　256
就業意欲喪失効果　220
就業者　2
就業選択　53
自由参入　27
自由参入条件式　135
就職率　87, 131, 221
終身雇用　248
需要・供給分析　25
需要曲線　25
需要独占モデル　165
循環的失業　86
順循環的　185
春闘　249
純便益　148
純利得　142
生涯賃金　145
消極的労働市場政策　239
消費可能集合　48
消費者余剰　30
情報の非対称性　156
情報の不完全性　105, 116, 167
女性就業　259
　──問題　259
　──の現状　259
　──の課題　260
所定外給与　20
所定外労働時間　16
所定内給与　20
所定内労働時間　16
所得　161
所得効果　26, 52
所得控除　61
ジョブ・クリエイション　202
ジョブ・ツー・ジョブ・トランジション
　223

ジョブ・ディストラクション　202
ジョブサーチ理論　116
人口の少子・高齢化　10
人的資本　143
人的資本理論　143, 251
人的投資　143

推移確率　221
推移方程式　227
ストック　214

生産関数　66
生産財　66
生産者余剰　30, 34
生産年齢人口　2
生産要素　66
正常財　50
税のくさび　243
正の相関　184
整理解雇　236
　──の4要件　237
セーフティネット　235
世代効果　258
積極的労働市場政策　231, 239
先行変数　185
潜在企業　128

相関係数　185
総実労働時間　16
総生産物曲線　69
創造的破壊効果　83
総費用関数　79
総余剰　30
総労働時間　192

た　行

ダイアモンド（Diamond, P.）　124, 126
ダイアモンドの逆説　124
代替効果　26, 52
多数の市場参加者　27

短期　68, 69
端点解　49
弾力的　58

遅行変数　185
チャイナ・シンドローム　212
超過供給　28
超過需要　28
長期　68, 75
長時間労働　18
直接的な費用　144
賃金　19, 161
　——の確率分布　116
　——の硬直性　105, 106
賃金関数　145
賃金交渉　173
賃金交渉力　138
賃金構造基本統計調査　19
賃金プロファイル　248
賃金率　20, 161

追加的労働力効果　220

定期給与　20
定常状態　88, 132
定年制　252
デービス（Davis, S.）　201

同一労働同一賃金　179
等費用線　77
等利潤曲線　170
等量曲線　75
独占組合モデル　176
特別給与　20
トレンド　181

な　行

内点解　49
ナッシュ交渉　138, 142, 175

ニート　255
日本的雇用慣行　248

年功賃金　248

は　行

配偶者控除　61
配偶者特別控除　61
派生需要　65
バックワード・ベンディング労働供給曲線　56
パッパ（Pappa, E.）　243
ハルティワンガー（Haltiwanger, J.）　201
ハローワーク　8, 90, 234
反循環的　185

ピサリデス（Pissarides, C.）　126
非循環的　185
非正規雇用者　14, 267
非弾力的　58
氷河期世代　258
標準偏差　187
非労働所得　47
非労働力人口　2

フィリップス（Phillips, A. W.）　96
フィリップス曲線　96
ブーム　181
不完全競争　107, 165
不況　182
負の相関　185
部門間ショック　209
プライステイカー　28, 164
フリーター　255
フリードマン（Friedman, M.）　98
プレスコット（Prescott, E.）　199
フロー　214

平均生産物　66
　資本の——　68

労働の―― 67
平均生産物曲線 69
ベーシックインカム 244
ベータ値 194, 229
ヘドニック賃金曲線 172
ベバリッジ曲線 91, 134, 189, 197, 240

貿易と雇用 212
法定労働時間 17
補償賃金仮説 169
ホドリック=プレスコット・フィルター 182

ま 行

毎月勤労統計調査 19
マクロショック 209
摩擦的・構造的失業 90
摩擦的失業 90
マッチ 127
マッチング関数 129
　――の推定 131

ミスマッチ 125
ミスマッチ失業 90
ミンサー（Mincer, J.） 155
ミンサー方程式 155

無差別曲線 42

名目賃金 22

モーテンセン（Mortensen, D.） 126
モラルハザード 235

や 行

有効求職者数 8
有効求人数 8
有効求人倍率 8

予算制約式 47

予算制約線 47

ら 行

リアル・ビジネス・サイクルモデル 195, 199
利潤最大化 68
離職率 87, 122, 189, 221
リセッション 181
留保賃金 54, 117, 168

劣等財 50
レンタルコスト 68

労働 66
労働基準法 16
労働供給 40
　――の（賃金）弾力性 57
　女性の―― 59, 61
労働供給曲線 33
　――の導出 55
　市場の―― 56
労働組合 108
労働サービス 32
労働時間 2, 16, 192
労働市場の逼迫度 130, 189
労働市場のフロー分析 213
労働者数 2
労働者余剰 34
労働需要 65
　――の（賃金）弾力性 82
労働需要曲線 33, 73
　市場の―― 81
労働所得 47
労働の限界収入 71
労働の平均収入 71
労働保蔵 103
労働力人口 2
労働力フロー 215
労働力フロー表 216
労働力率 4

ロックイン効果　241
ロストジェネレーション　258

わ 行

割引率　147

英 字

DMPモデル　126
HPフィルター　182
M字型のカーブ　4
Off JT　150
OJT　150
UV曲線　91, 134, 189
UV分析　94

著者紹介

宮本　弘曉（みやもと　ひろあき）

1977年生まれ。慶應義塾大学経済学部卒業，ウィスコンシン大学大学院博士課程修了（Ph.D. in Economics 取得）。東京大学公共政策大学院特任准教授，国際通貨基金エコノミストを経て，現在，東京都立大学経済経営学部教授。専門は労働経済学，マクロ経済学，日本経済論。

主な著作

"Productivity Growth, On-the-Job Search, and Unemployment,"（with Yuya Takahashi）, *Journal of Monetary Economics*, Vol.58(6–8), 2011, pp.666–680.

"Employment and Hours over the Business Cycle in a Model with Search Frictions,"（with Noritaka Kudoh and Masaru Sasaki）, *Review of Economic Dynamics*, Vol.31, 2019, pp.436–461.

"How does population aging affect the effectiveness of fiscal stimulus over the business cycle?"（with Jiro Honda）, *Journal of Macroeconomics*, Vol.68, 2021, 103288（lead article）.

ライブラリ 今日の経済学 15
労働経済学

| 2018年3月25日© | 初 版 発 行 |
| 2021年11月10日© | 第 2 刷 発 行 |

著 者　宮本弘曉　　　発行者　森平敏孝
　　　　　　　　　　　印刷者　小宮山恒敏

【発行】　　　　株式会社　新世社
〒151-0051　東京都渋谷区千駄ヶ谷1丁目3番25号
編集☎(03)5474-8818(代)　　サイエンスビル

【発売】　　　　株式会社　サイエンス社
〒151-0051　東京都渋谷区千駄ヶ谷1丁目3番25号
営業☎(03)5474-8500(代)　　振替　00170-7-2387
FAX☎(03)5474-8900

印刷・製本　小宮山印刷工業(株)
《検印省略》

本書の内容を無断で複写複製することは、著作者および
出版者の権利を侵害することがありますので、その場合
にはあらかじめ小社あて許諾をお求め下さい。

サイエンス社・新世社のホームページのご案内
https://www.saiensu.co.jp
ご意見・ご要望は
shin@saiensu.co.jp　まで。

ISBN978-4-88384-271-1
PRINTED IN JAPAN